Frauke Schlieckau

Ein Jahr in Venedig

Inhalt

„Mein Venedig
versinkt nicht"

ROSE AUSLÄNDER

Ankunft in Venedig

„Wo immer man ist, das wahre Venedig ist stets anderswo. Wenigstens mir geht es so. (...) Hielte ich mich nicht zurück, so wäre ich den ganzen Tag unterwegs auf den Brücken oder in den Gondeln und suchte verzweifelt das geheime Venedig vom andern Ufer. Freilich, sobald ich dort ankomme, schwindet alles wieder dahin; ich drehe mich um: da steht das stille Geheimnis wieder auf der anderen Seite. Schon lange habe ich mich darein ergeben: Venedig ist dort, wo ich nicht bin.“ (JEAN-PAUL SARTRE)

ES WAR VALENTINSTAG, als ich in Venedig ankam. Hinter mir lag eine vierzehnstündige Reise mit der Bahn, von Berlin über die Alpen, durch Südtirol bis in die Lagunenstadt. Meine Entscheidung, den Zug zu nehmen, hing vor allem damit zusammmen, dass ich nur ungern in ein Flugzeug stieg. Außerdem wollte ich die Entfernung spüren, die ich während der Nacht zurücklegte und die von nun an zwischen mir und meinem alten Leben lag.

Jetzt dachte ich an den vergangenen Morgen, als zum letzten Mal die Tür meiner Berliner Altbauwohnung hinter mir ins Schloss gefallen war, ein Geräusch, bei dem mich eine Art Angst vor meiner eigenen Courage überfiel. Ich hatte einen letzten Blick hinter mich geworfen, in den dunklen Hausflur, in dem nichts zurückblieb, außer ein paar leeren Kartons. Nach einem kurzen Zögern war ich schnell die Treppe hinuntergelaufen, um den Schlüssel für die Vermieterin durch den rostigen Briefkastenschlitz gleiten zu lassen.

Unten auf der Straße wartete bereits das Taxi, das mich zum Bahnhof brachte.

Mit dem Nachtzug nach Venedig – die romantische Vorstellung, die, abgesehen von der Tatsache, dass ich nicht gerne flog, dafür verantwortlich war, dass ich diese Reiseroute gewählt hatte, sollte nur wenig mit der Realität zu tun haben, denn ich verbrachte einen Großteil der Fahrt in einem stickigen Viererabteil. Oben rechts auf der schmalen Liege, zusammengefaltet in der Embryonalstellung und eingewickelt in eine kratzige Plastikdecke der Deutschen Bahn, lag ich lange in der Dunkelheit wach und lauschte den Geräuschen, die der Zug auf den Schienen hinterließ.

Was um Himmels willen habe ich hier eigentlich verloren, fragte ich mich, während draußen die nächtlichen Lichter Deutschlands vorbeiflogen, und sehnte mich nach meiner Berliner Wohnung. Wie gut könnte ich es dort jetzt haben, hätte mich nur nicht auf einmal dieses unbändige Fernweh gepackt! Mehrmals hatte ich mich umgedreht, um eine halbwegs bequeme Position zu finden, in der ich es die Nacht über trotz der unregelmäßigen Bewegung des Zuges aushalten konnte.

Auf der Liege unter mir löschte mein Mitreisender das Leselämpchen. In München zugestiegen, war der Ingenieur, der für eine deutsche Firma arbeitete, auf dem Weg zu Frau und Kindern, die in Bozen lebten. „Flugangst?", hatte ich gefragt, in der Hoffnung auf einen Leidensgenossen gestoßen zu sein. „Ich doch nicht. Ich finde nur die verschneite Landschaft in Südtirol so großartig, dass ich lieber Zug fahre!", hatte er schlecht gelogen, während er die Krawatte löste, um sich samt seinem noch faltenfreien Anzug schlafen zu legen. Eine Weile lauschte ich seinem langsam regelmäßiger werdenden Atem. Dann schloss auch ich die Augen, nur um wenig später wieder aufzuwachen, als der Zug über den Brenner ratterte und kurz darauf, irgendwo im Niemandsland, auf unbestimmte Zeit stehen blieb. Italienische Stimmen drangen an mein Ohr, dann hörte ich, dass Waggonteile ab- und wieder angekoppelt wurden, bevor sich der klapprige Nachtzug erneut in Bewegung setzte. Mein Schlaf blieb von nun an leicht, ich registrierte jedes ungewohnte Geräusch, und so war ich lange vor dem Zeitpunkt wach, als der Zugbegleiter uns weckte, um heißen Kaffee in das Abteil zu reichen. Mein Mitreisender und ich lächelten uns verschlafen zu, dann blickten wir schweigend aus dem Fenster.

Während ich meinen Kaffee trank, dachte ich daran, wie alles begonnen hatte und dass, genau genommen, eine Reise nach Paris dafür verantwortlich war, dass ich mich nun auf dem Weg nach Italien befand. Ich studierte gerade im sechsten Semester, als mein Freund für ein Praktikum in die französische Hauptstadt ging. Als ich ihn dort besuchte, wurde mir mit einem Mal klar, was ich, daheim in Berlin sitzend, verpasste, angefangen vom Leben in einer internationalen und chaotischen Wohngemeinschaft, der Möglichkeit, eine neue Sprache zu lernen, die unzähligen Bekanntschaften, die in den lauen Sommernächten vor den Bars und Cafés geschlossen wurden, und nicht zuletzt die Gelegenheit, eine fremde Stadt zu erkunden und zu einem Zuhause zu machen. Die leise Ahnung, dass die Erfahrungen eines Auslandsaufenthaltes mehr wert waren als nur die Möglichkeit, einen aufpolierten Lebenslauf vorzeigen zu können, wurde schnell zur Gewissheit. Ich hatte in nur wenigen Tagen begriffen, dass eine solche Zeit Menschen verändern kann. Dass sie diejenigen, die diese Erfahrung teilen, zusammenschweißt und dass sie darüber hinaus nur von jenen verstanden werden konnte, die selbst teilgenommen hatten an dem Abenteuer Ausland.

Ich erinnere mich noch gut daran, wie damals der Widerwille in mir erwacht war, länger von einem solchen Erlebnis ausgeschlossen zu sein. „Ich gehe für ein Semester ins Ausland", hatte ich daher eines Abends meinem Freund am Telefon verkündet. Der erwartete Protest am anderen Ende der Leitung war ausgeblieben. „Wieso gehst du nicht gleich ein Jahr?", sagte er stattdessen nach kurzem Zögern. Ich hatte aufgelegt und mich noch am selben Tag für ein Studentenaustauschprogramm beworben. Von meinem Freund trennte ich mich kurz nach seiner Rückkehr aus Paris, nur wenige Monate vor meiner Abreise. Im Nachhinein würde ich es als glückliche Fügung bezeichnen. Denn auf ein neues Land kann sich nur einlassen, wer nicht noch mit halbem Herzen in der Heimat ist.

Den warmen Pappbecher in der Hand hing ich meinen Gedanken nach, während ich durch das Zugfenster hinaus auf das zugefrorene Südtirol schaute. Ich konnte mir beim besten Willen nicht vorstellen, dass der Winter hier lange währte. Eine Annahme, die auf Kindheitserinnerungen an die Toskana beruhte und die genauso falsch war wie die Idee, dass ich die Italiener mit meinen rudimentären Italienischkenntnissen aus den – zugegebenermaßen bereits lange zurückliegenden – Ferien einigermaßen verstehen würde.

Dass zumindest Letzteres ein Irrtum war, hatte ich bereits festgestellt, als ich mich von meinem Berliner Küchentisch aus daran machte, eine Unterkunft in Venedig zu finden. Vor allem der Versuch, ein Einzelzimmer zu ergattern, das ich nicht mit einer anderen Studentin teilen musste, glich einer unüberwindbaren Hürde, was nicht nur an der Sprachbarriere lag, die zwischen mir und den Gesprächspartnern am anderen Ende der Leitung existierte, sondern vor allem daran, dass offensichtlich ganz Venedig in Doppelzimmern zu leben schien.

Die Angewohnheit der italienischen Studenten, in sogenannten *camere doppie* zu wohnen, hatte mich zu Anfang erstaunt, und als ich feststellte, dass es aufgrund der venezianischen Mietpreise, die der Tourismus in schwindelerregende Höhe getrieben hatte, kaum Einzelzimmer gab, erst recht in dem Entschluss bestärkt, eine Unterkunft zu finden, die ich mit niemandem teilen musste. Nachdem ich aber einige Tage am Telefon verbracht hatte und dank meiner Ansprüche immer noch ohne Bleibe war, während die Abreise langsam näher und näher rückte, hatte ich resigniert aufgegeben. Ich beschloss, das einzige freie Zimmer – oder besser halbe Zimmer –, das ich von Deutschland aus finden konnte, zu nehmen und zumindest für die ersten drei Monate in ein im Viertel Dorsoduro gelegenes Wohnheim zu ziehen.

In Bozen war mein Mitreisender ausgestiegen, nicht ohne mir viel Glück für mein Jahr im Ausland zu wünschen und mir die Telefonnummer eines Bekannten von ihm zu notieren, der in der Nähe von Venedig ein Weingut führte. „Für den Fall, dass du irgendwann genug von der Insel hast und wieder festen Boden unter den Füßen brauchst!", sagte er und wünschte mir viel Glück für meinen Start in der Lagune. Als der Zug anrollte, winkte er mir noch einmal zu, dann schloss er seine Frau in die Arme, die ihm auf dem Bahnsteig entgegengegangen war.

Kurz darauf passierten wir Verona. Ich faltete das Bettzeug zusammen, wusch mich notdürftig in einer der blechernen Kabinen und lief aufgeregt den Gang vor meinem Abteil auf und ab. Als wenig später rechts und links des Zuges endlich die Lagune von Venedig sichtbar wurde und der Zug die *Ponte della Libertà*, jene Anfang der 1930er Jahre gebaute Brücke der Freiheit, die 1933 von Benito Mussolini dem Verkehr übergeben wurde und seitdem die Insel mit dem Festland verbindet, überquerte, um in den Bahnhof *Venezia Santa Lucia* einzufahren, spiegelte sich die helle Februarsonne auf der Wasseroberfläche.

Langsam und quietschend waren wenig später die zahlreichen Wagen des Zuges zum Stehen gekommen. Ich kletterte aus dem Waggon und bugsierte mühsam ein Gepäckstück nach dem anderen aus dem Abteil, bis endlich alles auf dem Bahnsteig lag. In der hohen Bahnhofshalle herrschte geschäftiges Treiben. Gepäckwagen waren weit und breit nicht zu sehen, und so schob ich meine Sachen Stück für Stück mit den Füßen das Gleis entlang Richtung Ausgang. Bis ich in der Gepäckverwahrung angelangt war und mein gesamtes Hab und Gut dort untergebracht hatte, schien eine Ewigkeit vergangen. Dann trat ich hinaus ins Freie. Kalte klare Luft schlug mir entgegen. Vor mir lag, grün schimmernd im Morgenlicht, der Canal Grande.

Wie so viele Besucher der Lagunenstadt hatte auch ich das erklärte Ziel, die *Serenissima* ganz im Sinne Thomas Manns über den Wasserweg zu erreichen. Denn im Gegensatz zu anderen Städten ist es in Venedig keineswegs gleichgültig, von welcher Seite aus man sich ihr nähert. So gibt zum Beispiel die Ankunft von der Lagune über das Bacino di San Marco den einmaligen Blick auf die Seufzerbrücke, den Palazzo Ducale und die auf dem Vorplatz der Piazza San Marco in den Himmel ragenden, steinernen Säulen frei, auf denen schon von Weitem erkennbar der geflügelte Löwe, das Wahrzeichen der Stadt, und der heilige Theodor, der ehemalige Patron von Venedig, thronen.

Da ich allerdings die Lagune von der Westseite aus mit dem Zug erreicht hatte, blieb mir, was den Wasserweg betraf, nur jene Ankunft „zweiter Klasse" über den Canal Grande, die Thomas Mann mit dem Betreten eines Palastes durch die Hintertür verglichen hat.

Wasserweg ist Wasserweg, und der Nobelpreisträger war zwar ein großer Schriftsteller, aber viel zu penibel, dachte ich, als ich gemeinsam mit einigen korpulenten Amerikanern ein *vaporetto* der Linie 1 Richtung Lido bestieg. Genau genommen ist das natürlich grober Unfug, denn wer den

Canal Grande das erste Mal vom Anleger Ferrovia aus mit einem der öffentlichen Boote befährt, im Rücken das Neubaugebäude des Bahnhofs und die Piazzale Roma mit ihren stinkenden Bussen nebst graugesichtigem Parkhaus, ist nicht selten ein paar Sekunden lang, bis das *vaporetto* an Fahrt gewinnt und um die erste Kurve biegt, ein wenig enttäuscht. Die am oberen Teil der venezianischen Wasserstraße gelegenen Häuser sind, wenn auch mit malerischen Farben getüncht, weit weniger prunkvoll als das, was man angesichts der zahlreichen Lobgesänge auf die wohl schönste Hauptstraße der Welt erwarten mag.

Eine solche Fahrt über den „Hintereingang" hat dafür aber den unbestreitbaren Vorteil, dass sich zu beiden Seiten des Wassers nach und nach die ganze Pracht des Canal Grande entfaltet. Dramaturgisch ohne Zweifel gelungen, offenbart sich von hier aus, den Kanal abwärts fahrend, hinter jeder weiteren Kurve noch eine unerwartete Steigerung zu dem bisher Gesehenen.

Interessiert registrierte auch ich daher zuerst die zahlreichen „neueren" Gebäude zu meiner Rechten, die großteils zwischen dem 17. und 20. Jahrhundert errichtet wurden. Dann betrachtete ich schon aufmerksamer den schlichten, aus unverputztem rotem Ziegelstein erbauten Getreidespeicher aus dem 15. Jahrhundert. Kurz darauf bewunderte ich bereits den prachtvollen Palazzo Belloni Battaglia und den gotisch anmutenden Palazzo Priuli, an dem noch eine kielbogige Loggia aus dem 14. Jahrhundert zu erkennen ist und zu dem ein am Wasser gelegener Garten gehört. Wenige Meter weiter passierten wir den monumentalen Palazzo Ca' Pesaro und die steinernen Bögen der Markthalle, bevor das Boot unter der im kalten Sonnenlicht glänzenden Rialto-Brücke hindurchglitt und Kurs Richtung Accademia nahm, so dass der obere Teil des Canal Grande aus meinem Blickfeld verschwand.

An der Haltestelle San Tomà verließ ich das Boot. Ausgestattet mit einem ziemlich ungenauen Stadtplan, musste ich mich von diesem Punkt an durchfragen, um den Weg zu meinem Wohnheim zu finden. Ausgerechnet jetzt verschwand die Sonne hinter ein paar heraufgezogenen Wolken. Die Leute, die ich ansprach, zuckten unwissend mit den Schultern, murmelten etwas in ihre Mantelkrägen und eilten weiter.

Meine Suche wurde durch die eigenartige Angewohnheit der Venezianer erschwert, ihre Straßen mit Konskriptionsnummern zu kennzeichnen. Das heißt, dass alle Häuser eines Viertels nach dem Entstehungsalter durchnummeriert werden. Jede Hausnummer existiert also nur ein einziges Mal. Wer einen Brief nach Venedig schickt, der braucht daher als Adresse nur die betreffende Zahlenkombinationen und das jeweilige Viertel anzugeben. Das Problem ist, dass die Einzigen, die sich mit diesem System wirklich auskennen, die Briefträger sind. Alle anderen müssen in einem Verzeichnis nachschlagen, das man bei der Post oder an verschiedenen Zeitungsständen einsehen kann, oder suchen. Wer auch immer sich diese Methode ausgedacht haben mag, funktionieren kann sie eindeutig nur in einer Stadt dieser Größe. Denn trotz seines internationalen Ruhmes ist Venedig eigentlich ein Dorf. Nur circa 60 000 Einwohner leben im *centro storico* auf einer Fläche, die so klein ist, dass man sie mit mehr als achtzig multiplizieren muss, um auf die Größe Berlins zu kommen.

Ich spürte die ersten Regentropfen auf der Haut. Es war immer noch sehr früh, die Geschäfte noch geschlossen und fast schien es mir, als würde die Adresse *S. Polo n. 3076 C.A.P 30125 Venezia*, nach der ich mich nun schon so oft erkundigt hatte, samt dem dort ansässigen katholischen Wohnheim, das zumindest für die nächsten drei Monate mein Zuhause werden sollte, überhaupt nicht existieren.

Der Suche bereits etwas müde, fragte ich eine ältere Dame, die mir mit zügigem Schritt entgegenkam, nach dem Weg, aber sie schüttelte, ohne mir überhaupt zuzuhören, sofort den Kopf und eilte vorüber.

Gerade weil Venedig so überschaubar ist, verwunderte es mich zunehmend, dass niemand, den ich um Hilfe bat, mein Wohnheim zu kennen schien. Später wurde mir berichtet, dass die Einheimischen sich, werden sie von Touristen nach dem Weg gefragt, oftmals einen Spaß daraus machen, sich unwissend zu stellen. Ein absurdes Gerücht, dachte ich, als ich davon hörte. Tatsache ist aber, dass die Venezianer den zahlreichen Besuchern nicht unbedingt wohlgesonnen sind. Sie empfinden die Touristen als Eindringlinge und Störenfriede, was sie bis zu einem gewissen Grad auch sind. Kein Grund, unfreundlich zu werden, mag nun mancher denken, und das dachte auch ich, bis ich erfuhr, was es heißt, in einer Stadt zu leben, deren sieben Quadratkilometer Fläche jährlich von bis zu zwanzig Millionen Touristen heimgesucht wird, die sämtliche Gassen verstopfen, lärmend über den Markusplatz schlendern und oftmals vergessen, dass Venedig kein Museum ist, kein Disneyland.

Als ich an diesem ersten Februarmorgen in Venedig allerdings eine halbe Ewigkeit lang durchgefroren und mit schwerem Gepäck durch Dorsoduro irrte, schwor ich mir, sollte ich mich in der Stadt jemals auskennen, immer die Zeit zu erübrigen, verirrten Touristen Auskunft zu geben.

Von derlei Gedanken abgelenkt, hatte ich mich gerade eine Weile unachtsam durch das Gewirr der Gassen treiben lassen, als vor mir, genau in dem Moment, als ich nicht mehr damit rechnete, mein Wohnheim auftauchte. Instinktiv war meine Wahl zu guter Letzt also doch noch auf die einzig richtige Strategie gefallen, mit deren Hilfe es möglich ist, sich in Venedig zurechtzufinden. Denn da kein Stadtplan wirklich exakt ist und niemand einem den Weg durch die umständlich ineinander übergreifenden *calle* genau erklären kann, ist die einfachste Methode, um hier ans Ziel zu kommen, sich schlicht und ergreifend treiben zu lassen. In Venedig, das lernte ich also schnell, muss man verloren gehen, um etwas zu finden ...

Februar

*... in dem ich einen einsamen Valentinstag in der
vermeintlich romantischsten Stadt der Welt verbringe,
versuche, dem System des venezianischen Labyrinths
auf die Spur zu kommen, eine Frau vom Markusturm
springt und zu allem Überfluss auch noch Karneval ist.*

DAS WOHNHEIM entpuppte sich als ein imposantes altes
Gebäude. Grau, mächtig und ungastlich hob es sich von den
zahlreichen, filigraneren Häusern der Umgebung ab. Ich
zog an der schweren Eingangstür, aber sie war verschlossen.
Dann bemerkte ich, dass neben der Sprechanlage ein Zettel
für mich hing. „Bitte bei Ilaria im zweiten Stock klingeln.
Grazie!", hatte jemand in krakeliger Schrift mit Filzstift
auf das Papier geschrieben. Ich schellte. Alles blieb still.
Während ich wartete, betrachtete ich den Platz, an dem das
Wohnheim lag. Im Gebäude gegenüber öffnete ein vor sich
hin pfeifender Kellner gerade die Türen seiner Bar, an deren
Tresen eine Gruppe Italiener ihren Cappuccino tranken. Sie
schienen bereits auf dem Weg zur Arbeit zu sein, denn sie
trugen Anzüge und bunte Krawatten, deren leuchtende Farben sich von ihren verschlafenen Morgengesichtern abhoben. Von der Wohnheimtür aus sah ich, wie der *barista* seinen Kunden die weißen Tassen reichte, und beschloss, vom
nächsten Tag an ebenfalls den italienischen Gepflogenheiten zu folgen und dort meinen Morgenkaffee *al banco*, also
stehend am Tresen zu nehmen.

Ich blickte auf die Uhr. Es waren bereits fünf Minuten
vergangen, ohne dass sich im Inneren des Gebäudes etwas

getan hatte. Als ich gerade überlegte, ein weiteres Mal zu klingeln, öffnete sich schließlich doch noch die Tür, und ein Mädchen, bei dem es sich um Ilaria aus dem zweiten Stock handeln musste, streckte den Kopf heraus. Ihr Gesicht zierte eine grüne Gurkenmaske, und sie hatte ihre verwuschelten Haare in einem Dutt auf dem Kopf zusammengebunden. Ilaria trug einen ausgeleierten blauen Trainingsanzug, der mein Bild von der stets elegant gekleideten Italienerin ein für alle Mal zunichtemachte. „Da bist du ja endlich", sagte sie zur Begrüßung mit leicht vorwurfsvoller Stimme und fügte hinzu: „Ich habe schon auf dich gewartet", während ich nicht mehr als ein heiseres „*ciao*" herausbrachte. Dann bedeutete sie mir einzutreten und verschwand im Inneren des Gebäudes. So viel also zu meinen Italienischkenntnissen, dachte ich deprimiert und folgte Ilaria in den Eingangsbereich, der im Stil einer Hotellobby mit einem hölzernen Empfangstresen ausgestattet war, dessen Rückseite eine von Postfächern gesäumte Wand bildete, in denen vereinzelt Briefe und bunte Postkarten darauf warteten, in Empfang genommen zu werden.

Ilaria trat hinter den Tresen, griff nach einem der Schlüssel und zeigte auf eine Reihe von Listen, in denen ich mich künftig für die Mahlzeiten eintragen, Gäste vermerken und meine eigene Abwesenheit protokollieren sollte. Sie erklärte mir, dass im Wohnheim um Mitternacht die Türen abgeschlossen würden, es aber für jene, die später zu kommen gedachten, acht Nachtschlüssel gebe. Im Flur hing eine Liste, auf der akribisch genau verzeichnet war, welche Bewohnerin an welchem Datum diese Nachtschlüssel, die *chiavi notturne*, verwahrte. Dahinter folgten eine Zimmernummer und ein Stockwerk sowie die Angabe, dass die Schlüssel zwischen 19 und 22 Uhr bei der jeweils zuständigen Person abgeholt werden konnten. Dann führte Ilaria mich durch das Treppenhaus, vorbei an einem jener schmiedeeisernen alten Fahrstühle, die den Blick ins Innere auf die Fahrgäste freigeben, in einen niedrigen Aufenthaltsraum im Souterrain, der mit seinen geweißelten Wänden und dem gekachelten Fußboden eine karge Atmosphäre ausstrahlte.

An der Querseite des Raums befand sich der Durchgang zur Waschküche. Schon von Weitem entdeckte ich eine Liste für die Nutzung der Waschmaschine, in einer zweiten musste man mit Datum und Uhrzeit die Benutzung des Bügeleisens registrieren. Wer auch immer behauptet, die Italiener seien chaotisch – von den Mädchen, die hier im Wohnheim lebten, kann er nicht gesprochen haben.

Angesichts der zahlreichen papiernen Kontrollinstanzen beschlich mich ein etwas klammes Gefühl. Langsam wurde mir klar, dass ich von nun an Teil eines wohlgeordneten, strukturierten und durch und durch kontrollierten Systems sein würde. Ilaria hingegen schien die hier vorherrschenden Regeln durchaus normal zu finden, zumindest erweckte es diesen Anschein, als sie sich gut gelaunt für ein vegetarisches Menü in die Liste für *la cena*, das Abendessen, eintrug. Ich versuchte, mir nichts anmerken zu lassen, während ich die Wendeltreppe, die den Fahrstuhl umgab, hinauf in den zweiten Stock stieg, wo ich, Ilaria, mit der ich von nun an ein Zimmer teilen sollte, ganz am Ende eines langen Flures, in einen geräumigen, aber ausgesprochen seltsam möblierten Raum folgte.

Auf dem typisch venezianischen Terrazzoboden stand ein Etagenbett aus rotem Metall im Jugendherbergsstil unmittelbar neben einem Monster von Furnierholzschrank. Jemand hatte die beiden Schreibtische nebeneinander an die Wand geschoben und die dazugehörigen Stühle im Zimmer verteilt. Alle Möbelstücke waren übersät mit den Habseligkeiten meiner neuen Mitbewohnerin. Das obere Bett schien wohl für mich gedacht, denn es war unbezogen, während auf dem unteren eine Tagesdecke lag, auf der zahlreiche

Kuscheltiere saßen. Neben einem der beiden Tische lehnte eine Gitarre. In der hinteren Ecke tropfte der Wasserhahn eines vergilbten Waschbeckens vor sich hin. Die Wände, die zahlreiche Löcher aufwiesen, vermutlich Spuren früherer Bewohner, waren, wie auch die Frontseite des Schrankes, mit Postern bedeckt. Ilaria schien ein Fan des Schnulzensängers Tiziano Ferro zu sein. Ich stellte meine Tasche ab und entschied, so schnell wie möglich wieder auszuziehen.

Inzwischen war es halb neun, im Wohnheim herrschte immer noch völlige Stille, nur ab und an huschte eine Gestalt im Jogginganzug durch die Flure. Auf dem Weg zurück ins Erdgeschoss inspizierte ich das Studierzimmer, einen achteckigen Raum, dessen breite Fensterfront den Blick auf den Platz vor dem Wohnheim freigab. Eine Tür führte auf einen schmalen Balkon mit einer geschwungenen, steinernen Balustrade, und als ich hinaustrat, um mich umzusehen, und über die Dächer der umliegenden Häuser blickte, wurde mir wieder etwas leichter ums Herz.

Wenig später verließ ich das Gebäude. Es stellte sich heraus, dass mein Wohnheim in unmittelbarer Nähe der *Ferrovia*, des Bahnhofs, lag, und so erwies sich meine teure Fahrt auf dem Canal Grande im Nachhinein als überflüssiges Unterfangen. Da ich aus Berlin andere Distanzen gewohnt war, hatte ich die Entfernung auf dem Stadtplan falsch eingeschätzt, denn tatsächlich war mein neues Zuhause kaum zehn Minuten von der Zugstation entfernt, und so konnte ich mein Gepäck nach und nach zu Fuß zum Wohnheim bringen. Zweimal musste ich, schwer bepackt, den Weg über die Scalzi-Brücke, die unweit des Bahnhofs die beiden Ufer des Canal Grande miteinander verbindet, noch zurücklegen, bis ich alle Koffer in mein Zimmer transportiert hatte.

Anstatt auszupacken, verließ ich das Wohnheim, ging ein wenig spazieren und setzte mich schließlich auf die Stufen der *Scuola Grande di San Rocco*, wo ich ein paar *frittelle*, in

Öl gebackene, mit *zabaione* und *crema* gefüllte Teigbällchen, aß und die Touristen beobachtete, die sich in einem ruhigen Strom an mir vorbeischoben. Ein Mann bahnte sich den Weg durch ihre Mitte. Er war groß, dünn und offensichtlich Italiener, denn er schritt mit dem zügigen Gang, der den Venezianern eigen ist und an dem man diese zwischen den Touristen sofort erkennt, Richtung Frari-Kirche.

Die Art der Einheimischen, sich fortzubewegen, ist würdevoll, denn die Venezianer begreifen sich als etwas Besonderes. Durch ihren schnellen Schritt den geradeausgerichteten Blick, mit dem sie nur beiläufig die Auslagen der Geschäfte mustern, durchqueren sie zielstrebig die Stadt, als wollten sie demonstrieren, dass sie genau wüssten, wohin ihr Weg sie führt, ohne sich jedoch dabei die Blöße zu geben, gehetzt zu wirken. Es ist eine lässige Eile, mit der sie den schleichenden, schwerfälligen Touristen und den von Unruhe getriebenen Bildungsjägern gegenüber eine überlegene, fast aristokratische Haltung an den Tag legen. Dieser Mann, der dort ging, in etwas abgerissener Kleidung, er beherrschte den venezianischen Gang perfekt. Während ich ihm noch hinterhersah, hatte er sich schon seinen Weg durch die Masse gebahnt, die sich hinter ihm schloss und ihn verschluckte.

Um der tristen Atmosphäre im Wohnheim zu entkommen, verbrachte ich auch die folgenden Abende damit, ziellos durch die Stadt zu spazieren, die nachts erstaunlich leer und unbegangen war. Die Lichter der vielen erleuchteten Fenster spiegelten sich auf dem Wasser der kleinen Kanäle. Jedes der Häuser, an denen ich vorbeiging, schien mir einladender zu sein als das große graue Gebäude, in dem ich seit einigen Tagen lebte. Mein Atem gefror in der Luft. Es war noch kälter geworden. Von irgendwoher hörte ich Stimmengewirr und lautes Lachen, dann wurde ein Fenster zugeschlagen. Fröstelnd zog ich meinen Mantel enger um mich, während ich den Heimweg durch die ausgestorbenen Gassen suchte. Die Absätze meiner Schuhe hallten laut auf den Trachyt-Platten.

An einem dieser Abende hörte ich kurz vor dem Wohnheim jemanden meinen Namen rufen. Zuerst glaubte ich an eine Sinnestäuschung, eine Wunschvorstellung meinerseits, aber so schnell konnte einen die Einsamkeit wohl kaum in den Wahnsinn treiben. Als sich das Rufen wiederholte, blieb ich stehen und drehte mich um. In einiger Entfernung stand eine dunkelhaarige Frau in einer roten Jacke und winkte mir zu. Ich ging auf sie zu und erkannte bereits nach wenigen Metern, dass es sich um Alessia handelte, eine ernsthafte Italienerin, die ich flüchtig von ihrem Auslandsaufenthalt in Berlin kannte. Alessia war nach ihrer Zeit in Deutschland nach Venedig zurückgekehrt, um hier ihren Abschluss an der Università Ca' Foscari zu machen. Da wir nicht Kontakt gehalten und uns überhaupt nur ein einziges Mal getroffen hatten, war sie direkt nach unserer Begegnung an der Spree aus meinem Gedächtnis verschwunden. Inzwischen arbeitete sie als Journalistin für verschiedene Zeitungen und schrieb für das venezianische Blättchen *Il Gazzettino* genauso wie für die überregionalen Tageszeitungen *La Stampa* oder *La Repubblica*. „Was machst du denn hier?", fragte sie überrascht und schien ehrlich erfreut, als ich ihr erzählte, dass ich gerade erst angekommen war und nun für ein Jahr hier leben würde.

„Was für ein Zufall, ich dachte, ich kenne hier keine Menschenseele, und dann begegne ich dir!" Gewohnt an die Berliner Großstadtanonymität, konnte ich es nicht fassen, bereits nach so kurzer Zeit einem bekannten Gesicht über den Weg zu laufen. Alessia lachte. „Venedig ist ein Dorf! Hier triffst du jeden ungefähr drei Mal am Tag. Und wehe, du versuchst, ein Geheimnis für dich zu behalten! Aber das wirst du ja bald selbst merken. Hast du schon ein *Spritz* getrunken? Das musst du unbedingt probieren!" Sie zog mich hinter sich her zu einer beleuchteten Bar an der anderen Seite des Platzes.

„Halt! Ich schließe gerade!", rief der *barista*, als wir die Schwelle überquerten, in unsere Richtung, und scheuchte uns mit einer Handbewegung aus der Tür. „Es ist doch gerade mal neun Uhr!", protestierte ich, aber er schüttelte nur den Kopf. „Ich bin müde, ich habe gestern zu wenig geschlafen und muss ins Bett." Mit einem scheppernden Geräusch ließ er das Metallgitter vor dem Eingang herunter. Alessia zuckte gleichgültig mit den Achseln. „So sind sie halt, die Venezianer, *pieni di soldi*, vollgestopft mit Geld. Viele von ihnen haben es überhaupt nicht nötig zu arbeiten."

Im *Caffè Rosso*, einem beliebten Studententreffpunkt, kam ich wenig später doch noch zu meinem ersten *Spritz*. Das Lokalgetränk der Venezianer, das bis in die Achtzigerjahre kaum außerhalb von Venedig erhältlich war und nur langsam seinen Weg nach Deutschland gefunden hat, ist eine Mischung aus Weißwein, Wasser und Aperol, Select oder Campari. Garniert mit einer Olive und einer Orangen- oder Limonenscheibe wird es hier von allen Altersklassen und zu allen Uhrzeiten getrunken. Oft sieht man schon morgens um zehn hinter den Fensterscheiben der Bars Gläser mit der orangefarbenen Flüssigkeit aufleuchten. Wer Alkohol nicht besonders gut verträgt, der sollte es allerdings lieber bei einem Glas belassen, denn das *Spritz*, das ursprünglich ein Erbe der Habsburger ist, ist stärker, als der Geschmack vermuten lässt. Als ich in dieser Nacht an der erleuchteten Fassade der *Scuola Grande di San Rocco* vorbei, zurück Richtung Wohnheim lief und im zweiten Stock leise meine Zimmertür öffnete, schlug mir Eiseskälte entgegen. Ilaria war anscheinend vor der Kälte geflohen und für ein paar Tage zu ihren Eltern gefahren, denn ihr Bett war leer. Ich berührte mit der Hand den Heizkörper, der auf die höchste Stufe gestellt und trotzdem nur lauwarm war. Offenbar wurde die Wärmezufuhr zentral gesteuert, um, so vermutete ich zumindest, die laufenden Kosten zu senken. Nachdem ich mir drei Pullover übereinander gezogen hatte, rollte ich mich in meinem Bett zusammen, wo ich vor lauter Erschöpfung einschlief, ohne mich weiter um die vorherrschenden Minusgrade oder die Abwesenheit meiner Mitbewohnerin zu kümmern.

Die Tage, die zwischen den Nächten in dem unterkühlten Zimmer lagen, verbrachte ich damit, durch die Stadt zu wandern, stundenlang, mit blaugefrorenen Händen, krampfhaft den Stadtplan festhaltend. Da es im gesamten Wohnheim bitterkalt war und sich die Heizung weiterhin nicht aufdrehen ließ, hatte ich beschlossen, mich zu bewegen, in der Hoffnung, mich dadurch von innen aufzuwärmen. Sorgfältig studierte ich auf dem auseinandergefalteten Papierbogen den Verlauf der Gassen und folgte akribisch den Angaben auf der Karte.

Wie aber sollte ich mich in Venedig zurechtfinden, wenn schon die Bezeichnungen der Straßen und Plätze derart verwirrend waren? Die Kanäle hießen nicht *canal*, sondern *rio*, also in der Mehrzahl *rii*. *Canale* wiederum nannten die Venezianer offensichtlich nur jene breiten Gewässer wie den *Canale della Giudecca*, der die gleichnamige Insel von Venedig trennt. Und dem Canal Grande war, wer weiß weshalb, sein -e am Ende abhandengekommen. Die Plätze hießen nicht *piazza*, sondern *campo* oder *campiello*. *Piazza* hingegen war als Bezeichnung dem Markusplatz vorbehalten, wodurch seine vorrangige Stellung als „schönster Salon der Welt" gegenüber den unzähligen „Freilichtwohnzimmern" der Stadt noch unterstützt wird. Für zusätzliche Verwirrung sorgt der Umstand, dass die gelben Wegweiser – die helfen

sollen, weniger ortskundige Passanten zu den zentralen An-
laufpunkten der Stadt, dem Bahnhof, der Rialto-Brücke und
der Piazza San Marco, zu lotsen – mitunter in zwei ent-
gegengesetzte Richtungen zeigen – denn in Venedig, das
lernte ich während dieser kalten Februartage schnell, gibt es
niemals nur einen Weg, um ans Ziel zu kommen.

Obwohl ich immer wieder aufs Neue feststellte, dass der
Stadtplan in vielen Fällen nicht mit der Realität überein-
stimmte, manche Wege unerwartet in Sackgassen münde-
ten und unbedeutende Gassen gar nicht erst verzeichnet
waren, gab mir die auseinandergefaltete Karte auf absurde
Art und Weise Halt. Mir war, als ob ich ohne sie für immer
im Gewirr der unzähligen Ver- und Abzweigungen verloren
gehen würde. Erst als ich bei einem dieser Streifzüge am
Campo San Polo einer Menschenmasse begegnete, die geschlossen Richtung Rialto strömte, wagte ich es, den Stadtplan in den Tiefen meiner Handtasche zu versenken und
meinen Weg von der Topografie der Stadt bestimmen zu
lassen. Ich reihte mich zwischen die Spaziergänger ein und
beschloss, der Prozession fremder Gesichter an das mir unbekannte Ziel zu folgen. Schon bald stießen immer mehr
Leute aus den Seitengassen dazu, viele von ihnen Touristen,
so dass ich, eh ich mich versah, von einem vielstimmigen
Sprachgewirr eingehüllt wurde. Nach und nach gelang es
mir, einzelne Gesichter aus der Masse herauszufiltern. Ich
erkannte, dass viele der Touristen Masken in den Händen
trugen. Einige schienen unter den Wintermänteln aufwändige Kostüme zu verbergen. Mir war bisher völlig entgangen,
dass mit meiner Ankunft offenbar auch der venezianische
Karneval begonnen hatte.

Hinter der Rialto-Brücke ließ ich mich von der stetig
anwachsenden Masse durch die engen Gassen schieben. Da
ich vor lauter Menschen kaum etwas sah, dauerte es eine
Weile, bis ich registrierte, dass wir mittlerweile auf dem

überfüllten Markusplatz angelangt waren und die Piazza betreten hatten. Wie auf Kommando wurden rings um mich herum Masken aufgesetzt, hier und da verschwanden Mäntel, die bisher Kostüme verdeckt hatten, in den Rucksäcken und Tragetaschen der Urlauber. Sich ihrer Zaungastrolle unangenehm bewusste Touristen in Alltagskleidung gruppierten sich artig längsseitig der Prokuratien. Ich bemühte mich, mir einen Weg durch die Menschenmenge zu bahnen, ein hilfloser Versuch, auf die andere Seite der Piazza zu gelangen, in der Hoffnung, von dort aus einen besseren Überblick über das Treiben zu bekommen. Als ich gerade aufgeben wollte und mich bereits mit dem Gedanken abgefunden hatte, den Rest des Tages zwischen feierwütigen Karnevalisten gefangen zu bleiben, kam Bewegung in eine größere Gruppe, die in meiner Nähe stand.

Wie aus einer stummen Vereinbarung heraus, bildete sich in der Mitte des Platzes eine Gasse, durch die sich nur wenig später ein Festzug aus verkleideten Gestalten bewegte. Ihre historischen Kostüme glänzten und schimmerten im hellen Tageslicht. Noch während ich die Teilnehmer des Spektakels beobachtete, die sich in alle Richtungen drehten und wendeten, merkte ich, dass die Menge anfing, unruhig zu werden, und sich die Blicke der Umstehenden gen Himmel richteten. Sie schienen auf etwas zu warten, von dem offensichtlich nur ich nicht wusste, was es sein würde. Als ich es ihnen gleich tat und den Kopf in den Nacken legte, entdeckte ich, dass vom Markusturm aus ein gespanntes Seil hinunter zur Erde verlief, an dem nun unter lautem Gejohle eine Gestalt durch die Luft flog, die aus dem Nichts zu kommen schien. Sie trug ein weißes Gewand und war von einer Konfettiwolke umgeben, während sie in einem steilen Winkel von der Spitze des Markusturms auf uns zuraste und unterwegs beängstigend an Tempo gewann. Ich hielt den Atem an, aber zu meinem Erstaunen kam die Wagemutige unversehrt auf der Piazza San Marco an, wo sie mit den Füßen voran auf dem Boden aufsetzte.

Was es mit diesem seltsamen Flug auf sich hatte, erfuhr ich erst am nächsten Tag, als ich bei meinem morgendlichen *caffè* saß und zum ersten Mal versuchte, die venezianische Tageszeitung *Il Gazzettino* zu lesen. Nachdem ich in mühevoller Kleinarbeit eine Stunde lang einen einzigen Artikel übersetzt hatte, wurde ich mit der Information belohnt, dass es sich bei dem Spektakel auf dem Markusplatz um den *Volo dell' Angelo* handelte, der jedes Jahr den venezianischen *carnevale* eröffnet. Traditionsgemäß wird bei diesem Engelsflug eine mehr oder minder prominente Venezianerin von der Spitze des Markusturms herabgelassen. Ganze drei Minuten, so konnte ich es in der Zeitung nachlesen, dauert die Reise vom fast hundert Meter hohen *campanile* hinab auf die Erde.

Ich ließ die Zeitung sinken und nahm einen Schluck von meinem Cappuccino. Dann rief ich Alessia an, um ihr von meinem Erlebnis zu berichten. „*Si, si, certo! Il Volo dell' Angelo!*" Sie schien nicht überrascht. „Das ist in der Tat eine alte Tradition, aber ehrlich gesagt wurde die erst vor ein paar Jahren wiederbelebt und jetzt ist es, auch wenn die Venezianer ebenfalls dorthin gehen, vor allem ein Spektakel für die Touristen." Die Venezianer, dachte ich mir, als ich wenig später enttäuscht auflegte, sie spielen also Venedig. Sie gaukeln den Touristen ein Leben vor, das sie so bereits seit Jahrzehnten eigentlich gar nicht mehr führen. Denn tatsächlich ist für viele von ihnen der *carnevale*, genau wie ein Großteil der weiteren historischer Feste, nichts weiter als ein einträgliches Geschäft. Nur wenige der Einheimischen schlüpfen noch in die mehrere hundert Euro teuren Prachtkostüme, das Verkleiden überlassen sie zum Großteil den angereisten Faschings-Enthusiasten. Statt sich fantasievoll herauszuputzen, setzten die Venezianer die Preise auf den Speisekarten ihrer Restaurants herauf, vermieten die letzten Hotelzimmer, die ohne Touristenattraktion in der Nebensaison leer stehen würden, und reiben sich die Hände über diese zusätzlichen Einnahmen.

Es war eine merkwürdige, klamme Kälte, die den gesamten Februar über in Venedig herrschte. Sie umringte einen von allen Seiten, tropfte von den Dächern, kroch aus den Ritzen der Mauern und brüchigen Wänden, quoll aus den vielen Gullydeckeln hervor und bildete Pfützen auf den steinernen Böden der Stadt. Wenn ich morgens aufwachte, konnte ich mich, obwohl ich im Wollpullover schlief, kaum bewegen. Die Heizung ließ sich immer noch nicht weiter aufdrehen, und jedes Mal, wenn ich über den eiskalten Flur Richtung Dusche lief, die sich am anderen Ende des Ganges befand, sehnte ich mich nach meiner warmen Wohnung in Berlin. Selbst Ilaria, die die eisigen Temperaturen des alten Gemäuers gewohnt war, machte sich auf den Weg in den dritten Stock, um von ihrer Freundin Simona einen Heizwärmer zu leihen, der aufgrund erhöhter Brandgefahr offiziell im Wohnheim genauso verboten war wie Teekocher auf den Zimmern und daher unter einem Handtuch verborgen auf unser Stockwerk geschmuggelt wurde. Was passieren würde, sollte nachts, wenn wir alle eingeschlossen waren, ein Brand ausbrechen, mochte ich mir nicht ausmalen. Bis wir diejenige unter uns ausfindig machen würden, die die Aufsicht über die *chiavi notturne* hatte und uns den Hintereingang aufschließen könnte, wären wir wahrscheinlich schon alle verbrannt. Auf den Heizwärmer wollte ich allerdings, da ich ununterbrochen fror, dennoch nicht verzichten, zumal ich, da mir niemand gesagt hatte, dass man beim Einzug ins Wohnheim sein Bettzeug selbst mitzubringen hatte, nachts immer noch mit einer dünnen Wolldecke auskommen musste, einer Leihgabe von Ilaria.

Meine Mitbewohnerin stammte aus einem Ort in der Nähe von Belluno und war nach Venedig gekommen, um hier Japanisch zu studieren, denn die Fakultäten für Sprachen haben über Venedig hinaus einen guten Ruf. Gleiches gilt auch die Architekturuniversität IUAV, auch wenn diese mittlerweile, ebenso wie die Stadt selbst, vom Glanz vergangener Zeiten zehrt. Ilaria war klein, untersetzt und sehr burschikos. Das Klischee der rassigen Italienerin widerlegte sie Tag für Tag mit unerbittlicher Konsequenz, wenn sie ihre ausgeleierten himmelblauen Sweatshirts, die weiten Jeans und dicken Turnschuhe spazieren führte. Dass sie als Italienerin eigentlich einen Ruf zu verteidigen hatte, was Fragen des guten Geschmacks betraf, und daher vor allem ihre Kuscheltierarmee auf der Bettdecke ein Kapitalverbrechen darstellte, bereitete ihr offenbar keine schlaflosen Nächte.

Nicht nur Ilaria, sondern auch eine Vielzahl ihrer Landsleute, das kam während des *carnevale* in einem besonders ausgeprägten Maße zum Vorschein, schienen einen ausgesprochenen Hang zum Kitsch zu haben. Anders als beim Kölner Karneval, bei dem sich der ein oder andere herzlich bemüht, sich vor allem komisch zu kostümieren, und Lächerlichkeit zum Programm erhoben wird, trägt man in Venedig die historischen Verkleidungen mit einem feierlichen Ernst vor sich her. Goldglänzende Masken, spitze Hüte, wallende Röcke und aufwändige, in wochenlanger Arbeit gefertigte Roben dominieren das Stadtbild. Der venezianische Karneval ist ein Klamauk mit Würde, hier werden keine Kamellen geworfen, und auch laute Helau- und Alaaf-Rufe sind dem Inselvölkchen fremd.

Obwohl ich inzwischen wusste, dass der in den 1980er Jahren wiederbelebte *carnevale* längst nicht mehr als ein Abklatsch seiner ursprünglichen Form und seine Blütezeit seit Jahrhunderten vorbei ist, faszinierte mich dieses im Vergleich zu seinem deutschen Pendant stille, etwas unwirkliche Fest und so ließ auch ich mich davon anstecken, als die ganze Stadt einem der Höhepunkte des Karnevals, dem *Martedi grasso*, entgegenfieberte. Von Tag zu Tag schien sich Venedig mehr mit Touristen zu füllen, überall begegneten mir Menschen mit schillernden Kostümen, und der Umstand, dass diese sich keineswegs verhielten, als befänden sie sich im Ausnahmezustand, sondern derart verkleidet ihre Einkaufstaschen trugen, die Auslagen in den Buchläden studierten und in den Cafés saßen, erzeugte ein surreales Gefühl, das durch die Tatsache, dass sich niemand um die verkleideten Karnevalsteilnehmer zu kümmern schien, noch verstärkt wurde.

An einem der Karnevalsabende – die Kälte sorgte dafür, dass einem der Atem in der Luft gefror – traf ich mich mit Alessia, für *un giro*, einen Spaziergang durch Venedig. *Un piccolo giretto*, so nennen es die Italiener, wenn sie zu ihrer täglichen Runde durch die Stadt aufbrechen. Der *carnevale* war mittlerweile auf seinem Höhepunkt angelangt, und Alessia hatte sich aufgeregt durch das Online-Veranstaltungsmagazin *http://venezia.2night.it* geklickt, um unter den zahlreichen Veranstaltungen ein Fest ausfindig zu machen, das ihren Ansprüchen genügte, um der Höhepunkt unseres Abendprogramms zu werden.

Nach einer kurzen Stippvisite auf dem Campo Santa Margherita erreichten wir den Markusplatz, der zu dieser späten Stunde verlassen vor uns lag. Nur vor dem *Caffè Florian* standen ein paar Menschen vor einer Bar, die man unter den Prokuratien aufgebaut hatte. Es war das erste Mal, dass ich die Piazza im Dunkeln sah, und ich wünschte mir, noch kein Bild davon zu haben, wie sie bei Tageslicht von Menschen überfüllt dalag, von Tauben belagert, die sich mästen ließen durch die Körner der Futterverkäufer oder Brötchenhälften, die die Touristen ausstreuten, um die Vögel auf ihre Schultern zu locken. Denn zu dieser Stunde, illuminiert von zahlreichen Lichtern, die den Platz in warme Farben hüllten, sah die Piazza San Marco tatsächlich, was ich angesichts der Abbildungen in Zeitschriften und Reisebüchern immer für übertrieben gehalten hatte, aus wie ein „riesiger Festsaal mit Marmorparkett". Alessia lief zur Bar hinüber und kehrte wenig später mit zwei Weißwein in der Hand zurück. An unseren Gläsern nippend standen wir dort, mit Blick auf den rätselhaften Torre dell'Orologio, der die Piazza zur Nordseite hin bewacht.

Als wir unseren Wein getrunken hatten, liefen wir weiter, vorbei am Palazzo Ducale, über die Seufzerbrücke, die tagsüber unentwegt von japanischen Touristengruppen belagert wird, an der Riva degli Schiavoni entlang bis zu den Giardini, dem Gelände der Biennale di Venezia, einem weitläufigen Garten, auf dem die zahlreichen Länderpavillons einen Großteil des Jahres darauf warteten, im Rahmen der Kunstmesse zum Einsatz zu kommen. In der Dunkelheit bahnten wir uns unseren Weg auf das verlassene Gelände, auf dem direkt hinter dem Eingang im ehemaligen italienischen Pavillon ein Fest stattfinden sollte. Zu meinem Erstaunen füllten die Anwesenden, obwohl es im Inneren des *padiglione* ziemlich voll war, die Räume nicht aus. Die Masse verlief sich in den leeren Hallen, deren weißen Wände in grelles Licht getaucht waren. In der kalten Atmosphäre ließ eine Bauchtänzerin zu einer Mischung aus Elektromusik und Indie-Pop mit starrer Miene ihre Hüften kreisen.

Alessia bestellte sich etwas zu trinken. Ich lehnte mich gegen die Bar und beobachtete, wie sich die anderen in einem Grüppchen auf dem Fußboden niederließen. Eine Colaflasche, mit Whiskey angereichert, wurde herumgereicht. Erschöpft von den ganzen neuen Eindrücken, die innerhalb kürzester Zeit auf mich einströmten, wurde ich von einem Moment auf den anderen so müde, dass ich mich kaum noch auf den Beinen halten konnte. „*Ciao*, ich bin Giuliano."

Ein etwas verwegen wirkender Mann stützte sich neben mir auf dem Tresen ab, um mich in ein Gespräch zu verwickeln. „Woher kommst du?", fragte er und musterte mich. „Aus Deutschland", antwortete ich und rückte ein Stück von ihm ab.

„*Una tedesca*. Das habe ich mir fast gedacht. Darauf sollten wir anstoßen." Eine Weile versuchte ich vergeblich, ihm deutlich zu machen, dass ich nicht in der Lage war, mich auf Italienisch zu unterhalten, dann ließ ich ihn einfach stehen. Giuliano aber war hartnäckig, er kehrte wenig später noch einmal zurück und steckte mir seine Telefonnummer in die Manteltasche. Kurz darauf wurde ich von einem Tänzer gepackt, der sich offenbar in den Kopf gesetzt hatte, mit mir an seiner Seite die Tanzfläche zu erobern. Meine Müdigkeit war inzwischen so stark geworden, dass ich keine Gegenwehr leistete, als er begann mich wild im Kreis herumzuschwenken, bis sich der Raum vor meinen Augen zu drehen begann. Aus den Augenwinkeln meinte ich den Mann zu erkennen, der mir bereits am Tag meiner Ankunft an der *Scuola Grande di San Rocco* aufgefallen war. Er lehnte dort, wo ich gestanden hatte, an der Bar und sah mit einem ironischen Lächeln zu, wie ich mich widerstandslos durch den Raum führen ließ. Als der wilde Tänzer endlich zum Stehen kam und ich mich von ihm lösen konnte, war der Tresen von einer laut lärmenden Gruppe belagert, von dem fremden Mann hingegen fehlte jede Spur. Vielleicht habe ich mir das nur eingebildet, dachte ich und verspürte leichtes Bedauern. Wenig später rief Alessia zum Aufbruch. Wir verließen das Biennale-Gelände und liefen, eskortiert von einer Gruppe Feuer spuckender Männer auf hohen Stelzen, die Riva degli Schiavoni zurück zum Markusplatz um von dort aus den kürzesten Weg Richtung Wohnheim einzuschlagen.

Als wir einige Tage später, am *Martedì grasso* erneut auf dem Weg in die Giardini waren, sahen wir die Stelzen tragenden Riesen noch einmal von Weitem, wie sie die Menge überragend und mit flammenden Fackeln jonglierend die Promenade entlang staksten. Wieder hatte ich mich dazu überreden lassen, durch den strömenden Regen zu einer der Partys in die Gärten zu fahren, was, wie sich bald herausstellen sollte, ein Fehler war, denn in der großen Gruppe von Leuten, mit denen Alessia und ich unterwegs waren, brauchten wir eine Ewigkeit, um das Biennale-Gelände zu erreichen. Auch dieses Mal fand das Fest wieder im italienischen Pavillon statt, nur dass es sich inzwischen herumgesprochen hatte, denn das große Gebäude war bis in den letzten Winkel mit Menschen gefüllt. Wie auch schon beim vergangenen Mal trug kaum jemand ein Kostüm, nur ab und an tauchte im Gewühl ein Maskenträger vor mir auf. Verkleidete Touristen fanden außerhalb der Biennale nur vereinzelt den Weg auf das abgelegene Gelände, das bei Nacht nicht unbedingt vertrauenerweckend wirkte. Wer hier feierte, stammte von hier, lebte hier oder hielt sich zumindest, so wie ich, für eine längere Zeit in Venedig auf.

Um mich herum dröhnten die Bässe. Gegen drei Uhr wurde es auf einmal schlagartig still. Ich sah Alessia an. „Was ist das?" Sie zuckte die Schultern. „Vielleicht ein Stromausfall, das ist hier in Italien keine Seltenheit." Mühsam bahnten wir uns den Weg Richtung Ausgang, wo wir einer Gruppe uniformierter Polizisten in die Arme liefen, die gerade die Tür abriegelten und energisch versuchten, eine wütende Menschenmenge davon abzuhalten, das Gebäude zu stürmen. „Marco, was ist denn hier los?", fragte Alessia einen der *poliziotti* und setzte ihre investigative Journalistenmiene auf. Offensichtlich kannten sich die beiden. „Die Party ist vorbei, hier wollen zu viele Leute rein, das geht nicht wegen der Sicherheit. Geht nach Hause, Mädels." „Na los, Alessia", sagte ich an meine Freundin gewandt. „Lass uns das *vaporetto* nehmen, ich erfriere gleich." Alessia schüttelte den

Kopf. „Es ist ziemlich spät, und die Nachtboote fahren nur selten. Wir müssen laufen." Marco betrachtete mich eine Weile, wie ich zitternd in der Kälte stand. Ich muss wohl ziemlich unglücklich gewirkt haben, denn er löste sich langsam aus dem Trupp seiner Kollegen und schälte sich aus einer dicken Windjacke, die er sich über die Uniform gelegt hatte. „Hier. Du kannst sie mir beim nächsten Fest einfach mitbringen." Ich sah ihn ungläubig an. „Beim nächsten Fest? Aber kannst du so lange auf deine Jacke verzichten? Wer weiß, wann das ist!" Marco warf Alessia einen Blick zu und lachte. „Sie ist wohl neu hier!"

Ich erinnerte mich daran, dass Alessia erzählt hatte, dass man sich in Venedig zwangsläufig ständig über den Weg läuft, und verstand auf einmal nicht nur, wie eng das Netz der sozialen Interaktion in dieser Stadt gestrickt ist sondern auch, wie sehr die Venezianer ihre Feste lieben. Zwar werden in Venedig heute nicht mehr so viele Anlässe wie früher öffentlich zelebriert, und wenn doch, instrumentalisiert man sie regelmäßig als Touristenattraktion. Hinter der für die Besucher errichteten Kulisse aber, hinter den Fassaden der alten Palazzi und in jenem Teil der Stadt der nur den Venezianern zugänglich ist, finden regelmäßig private Einladungen, *inaugurazioni*, Abschlussfeiern, Maskenbälle, Mitternachtspicknicke, Kirchen- und Inselfeste statt, die einen Großteil des Charmes der *Serenissima* ausmachen. Bis ich die Gelegenheit bekam, Marco seine Jacke zurückzugeben, sollten daher in der Tat nur ein paar Tage vergehen. Denn in Venedig wird, wenn auch zumeist etwas versteckt, eigentlich immer gefeiert. Man muss nur wissen, wo.

März

... in dem ich einsehen muss, dass nicht nur in katholischen Mädchenwohnheimen, sondern auch an venezianischen Universitäten eigene Gesetze gelten, und eine ehemalige Irrenanstalt für reiche Patrizier zu meinem täglichen Aufenthaltsort wird.

ES WAR HALB SIEBEN, als mein Wecker klingelte. Ich hörte, wie Ilaria von ihrer Matratze aus unter mir ein verärgertes Geräusch von sich gab. Dann schwang ich mich aus dem Bett, um die Leiter hinunterzuklettern, die lose gegen das Eisengestell gelehnt war. Im Dunkeln griff ich nach meiner Kleidung, die ich jeden Abend auf dem Schreibtischstuhl zurechtlegte und nach dem Aufstehen ins Bad trug, um mich dort umzuziehen und Ilaria nicht durch unnötige Geräusche zu wecken.

Beide nahmen wir so viel Rücksicht aufeinander wie möglich, dennoch waren wir insgeheim froh, dass es sich bei unserer Wohnsituation nur um ein zeitlich begrenztes Arrangement handelte. Im April sollte Ilaria ein Einzelzimmer bekommen.

Als ich wenig später das Gebäude verließ, regnete und stürmte es. Ich zog mir die Kapuze über den Kopf und machte mich auf den Weg zur Uni. Mit schnellem Schritt lief ich zum Bootsableger San Tomà, um von dort die Linie 1 Richtung San Zaccaria zu nehmen. An dem zentralen Anleger kurz hinter dem Dogenpalast stieg ich wie jeden Morgen in ein Schnellboot um, das mich zur Internationalen Universität auf die Insel San Servolo brachte.

San Servolo war als Sitz der *Venice International University* Privatgelände, auf dem Unbefugte nichts zu suchen hatten. Die Linie 20, die von San Zaccaria nach San Servolo und San Lazzaro degli Armeni fuhr, verkehrte nur einmal die Stunde, denn abgesehen von ein paar Studenten fuhren nur wenige Menschen auf die von Venedig aus gerade noch in Sichtweite gelegenen Inseln. Relativ schnell erkannte ich daher die Gesichter der *studenti* wieder, die von ihren Heimatuniversitäten in Tel Aviv, Tokio, Barcelona, München, aus den USA und aus China nach Italien geschickt wurden, um an der Lagunenuniversität ihren Horizont zu erweitern.

Die wenigen Fremden, die ab und an mit mir das Boot bestiegen, waren zumeist auf dem Weg nach San Lazzaro degli Armeni, jenem Eiland, das unmittelbar neben San Servolo aus dem Wasser ragte. San Lazzaro beherbergt ein Kloster, das als Mutterhaus des Mechitaristenordens ein wichtiges Zentrum der armenischen Kultur ist. Hartgesottene Kulturliebhaber wagen sich deswegen manchmal trotz der umständlichen Anreise auf diese Insel vor und nehmen die relativ langen Wartezeiten auf Hin- und Rückweg mit stoischer Gelassenheit in Kauf. Dass San Lazzaro im 15. Jahrhundert von verstoßenen Leprakranken bevölkert wurde, die man zum Sterben hierher brachte, ist, wenn man dort durch den Garten spaziert, kaum noch vorstellbar. Mittlerweile beherbergt das Gelände statt der zum Tode geweihten Venezianer eine umfangreiche Bibliothek, in der 200 000 Bände und mehrere tausend orientalische, insbesondere armenische Handschriften aufbewahrt werden.

Wir näherten uns der Insel-Uni, die ursprünglich einmal eine psychiatrische Anstalt war, in der wohlhabende Patrizier lebten. Wie geschickt haben die Venezianer damals ihre „Problemfälle" in die Lagune ausgelagert, dachte ich und sah aus dem Fenster auf das aufgewühlte graue Meerwasser, das gegen den Bug des Bootes schlug. Außer mir war kein

Fahrgast an Bord, ganz allein saß ich in dem Innenraum des *battello,* das auf den Wellen tanzend in Richtung San Servolo fuhr. Als das Boot an der Insel anlegte und ich mit beiden Beinen wieder auf festem Boden stand, sah ich auf meine Armbanduhr, die mir anzeigte, dass ich gut eine halbe Stunde zu früh war. Um die Zeit bis zum Kursbeginn zu überbrücken, spazierte ich ein wenig durch die Gebäude. Die frisch renovierten Bogengänge strahlten in makellosem Weiß, es roch nach Farbe, und ab und an passierte ich Handwerkszeug, das vereinsamt in einer Ecke auf den nächsten Einsatz wartete. Während ich den Park durchquerte, spürte ich, wie der Boden unter meinen Füßen schwankte, als ob ich mich immer noch auf einem Boot befinden, oder sich San Servolo im Takt mit den Wellen des Wassers auf und ab bewegen würde, ein merkwürdiges Phänomen unter dem die meisten Neuankömmlinge in Venedig litten.

„Hey, Frauke, am I late?" Sayuri, eine gemütliche Japanerin, der jeglicher Ehrgeiz fremd war, stützte sich auf dem Fensterbrett ab und sah zu mir herunter. „No, I am early. You still have twenty minutes!" Ich winkte ihr zu und lief weiter. Außerhalb des Sprachkurses, in dem unsere Lehrerin penibel darauf achtete, dass wir uns ausschließlich auf Italienisch verständigten, wurde hier auf der Insel nur Englisch gesprochen. Das war einfacher, trug allerdings nicht dazu bei, dass wir große Fortschritte machten, und so buchstabierte ich mich in den Italienischstunden mit Sayuri, einem in sich gekehrten Engländer namens Jack, und Tamar, einem blonden, pummeligen israelischen Mädchen mit einer Vorliebe für Overknee-Strümpfen, stümperhaft durch die eigentlich so klangvolle Sprache.

Außer mir wohnten alle Kursteilnehmer in Doppelzimmern auf der Insel. Schon jetzt, nach wenigen Wochen kristallisierte sich heraus, dass ihr mehrmonatiger Aufenthalt zu einer Art ausgedehnter Klassenfahrt mutieren würde. Einerseits beneidete ich sie darum, andererseits war ich jedoch Abend für Abend, wenn mich mein Boot auf die erleuchtete Stadt zutrug, froh, nicht über Nacht auf San Servolo bleiben zu müssen. Da der Bootsverkehr zu später Stunde eingestellt wurde, war man auf der Insel zu bestimmten Uhrzeiten tatsächlich vom Rest der Welt abgeschnitten. An der Venice International University zu studieren hatte allerdings deutliche Vorteile, denn aufgrund der Finanzierung durch die verschiedenen ausländischen Universitäten und der überschaubaren Größe der VIU war der Ablauf der Seminare reibungslos koordiniert und der Unterricht ziemlich effizient. Zudem konnte man aus den Fenstern der Klassenräume weit über die Lagune blicken. Mit einem schöneren Panorama als hier konnte man also kaum studieren, außer vielleicht, man saß im Deutschen Studienzentrum, das in einem Palazzo direkt am Canal Grande untergebracht ist. Das Besondere an San Servolo aber war vor allem, dass man hier, ganz im Gegensatz zum Rest von Venedig und zur staatlichen Universität, an der ich eigentlich mein Austauschjahr verbringen sollte, einmal nichts suchen musste.

Die Strukturen der italienischen *Università Ca' Foscari* zu durchschauen erschien mir hingegen genauso wenig erfolgversprechend wie der Versuch, den kürzesten Weg durch das venezianische Gassengewirr zu finden. Erst nach und nach verstand ich, wie das italienische Studiensystem, das schon seit einigen Jahren dem angloamerikanischen Vorbild folgt, funktionierte. Nach drei Jahren Studium kann in Italien der erste Abschlusstitel erworben werden, die *laurea*. Zwei weitere Jahre führen dann zur *laurea specialistica*. Verwirrend ist vor allem, dass sich die Italiener mit einer Titelbegeisterung, die nur noch von den Österreichern übertroffen wird, bereits nach diesem ersten Abschluss *dottore* oder *dottoressa* nennen dürfen, ohne dafür eine Doktorarbeit schreiben zu müssen. Zudem unterscheidet sich das Notensystem deutlich von dem unsrigen. Während wir nur sechs Noten vergeben, werden in Italien bis zu dreißig Punkte verteilt, und das Studienjahr ist statt in zwei Semester in vier Bimester gegliedert. Am meisten aber überraschte mich die Tatsache, dass den Italienern für ihre Prüfungen keine genauen Termine genannt werden. Wer Examen hat, geht stattdessen in die Uni, wartete geduldig, bis er an der Reihe ist, und muss im Zweifelsfall am nächsten Tag noch einmal wiederkehren.

All das waren Informationen, die ich mir bereits im Laufe des Februars mühselig zusammengesucht hatte, als hätte ich vorausgesehen, dass ein Info-Treffen mit dem Beauftragten für die Auslandsstudenten, welches Anfang März stattfand, sich als wenig ergiebig erweisen würde. Bei der Zusammenkunft mit den Tutoren im Büro der *Università Ca' Foscari*, das sich gegenüber der Feuerwache, der *guardia del fuoco*, befand war ich zum ersten Mal auch den anderen Studenten begegnet, die dieses Jahr mit einem Stipendium an die venezianische Uni gewechselt waren. Als ich eintrat, saß die bunt zusammengewürfelte Studentenschar auf drei alten Resopaltischen und blickte mir neugierig entgegen. Ein paar italienische *studenti*, die sich bereit erklärten, eine Tutorenfunktion zu übernehmen, verteilten Merkzettel mit Informationen an die Neulinge. Wir fingen an, uns einander vorzustellen. Zwei charmante Österreicher, drei schüchterne Franzosen, eine Griechin mit einem hochmütigen, stolzen Blick und zwei deutschen Freundinnen, die einander zum verwechseln ähnlich sahen, nannten nach und nach ihre Namen. Ich setzte mich auf die Fensterbank neben einen dunkelhaarigen Jungen, der eine Sturmfrisur trug und mich mit neugierigem Blick musterte. „Hallo, ich heiße Tim." Er reichte mir die Hand. Jetzt war auch die Sitznachbarin zu seiner Linken auf mich aufmerksam geworden. „Ich bin Charlotte."

„So, meine Lieben!" Einer der Tutoren versuchte die Aufmerksamkeit auf sich zu lenken. „Ist alles in Ordnung bei euch, gab es bisher irgendwelche Probleme, gibt es Fragen, Wünsche, Anregungen?" Einen kurzen Moment war es still. Dann merkte Tim, der nur darauf gewartet zu haben schien, mit charmant-ironischem Tonfall an, dass es eigentlich ganz nett gewesen wäre, wenn parallel zum Semesteranfang auch ein Italienischkurs begonnen hätte, da es ohne Sprachkenntnisse doch etwas schwierig sei, den Seminaren an der Uni zu folgen. Zustimmendes Gemurmel erklang. Unabhängig voneinander hatten wir nach unserer Ankunft festgestellt, dass die Sprachkurse bereits seit einiger Zeit liefen, die nächsten aber erst in ein paar Wochen beginnen würden. Um den Professoren folgen zu können, mussten wir jedoch allesamt dringend unser Italienisch aufbessern, alle, die hier saßen, waren bisher mit ihren Kursen ziemlich überfordert.

Die blonde Charlotte, Architekturstudentin aus Karlsruhe, war an diesem Tag diejenige, der es, im Gegensatz zu unseren Tutoren, gelang, eine Lösung für unser Sprachkursproblem zu finden. Sie hatte von einer Bekannten gehört, dass sich auf einer der in der Lagune liegenden Inseln eine Internationale Privatuniversität befand, deren Kurse wir als Auslandsstudenten der staatlichen *Ca' Foscari* kostenlos nutzen durften. Direkt im Anschluss an unser Treffen machten wir uns daher auf den Weg nach San Servolo. Erstaunlicherweise ließ sich, nachdem wir kurz bei, der britischen Direktorin der Privatuniversität, vorstellig wurden, die Anmeldung in ein paar Minuten abwickeln. „Have fun!", rief sie uns hinterher, als wir zum ersten Mal durch die Gänge Richtung Unterrichtszimmer liefen und merkwürdigerweise waren wir nicht ganz sicher, ob es sich bei diesem Ausruf nicht vielleicht doch um eine versteckte Warnung handelte. Dennoch hatte sich von diesem Tag an der Studienschwerpunkt der meisten von uns nach San Servolo verlagert.

Ich beendete meine Runde durch den Park und steuerte wieder auf das Hauptgebäude zu. Noch eine Viertelstunde bis Kursbeginn. In der Eingangshalle, in der zu beiden Seiten des Raumes Skulpturen des venezianischen Künstlers Fabrizio Plessi von den Wänden leuchten, begegnete ich Tim. Wir setzten uns auf die Stufen vor der Tür, damit er eine Zigarette rauchen konnte. Hinter der Mauer des Geländes hörten wir das Wasser der Lagune rauschen. „Ich frage mich wirklich, weshalb Plessi so erfolgreich ist." Tim warf einen kritischen Blick auf die Kunstwerke. „Aber gut, das ist eben Geschmackssache." Er zog an seiner Zigarette. „Übrigens habe ich endlich einen Platz im Studentenwohnheim auf der Giudecca bekommen. Ich bin gestern umgezogen. Gott, ich bin echt erleichtert. Ich hätte nie gedacht, dass die Wohnungssuche in Venedig so schwierig ist!" Mehrmals war Tim vergeblich zur *Azienda Regionale per il Diritto allo Studio Universitario*, kurz *ESU*, der Vermittlungsstelle für Wohnheimzimmer gepilgert, bis man ihm endlich mitgeteilt hatte, dass ein Platz für ihn frei wurde. Die Erleichterung darüber, dass ihm dieser Gang künftig erspart blieb, ließ sich deutlich an seinem Gesicht ablesen. Tim drückte die Zigarette auf dem Boden aus. „Aber ich muss sagen, obwohl das Gebäude modern ist, ich Telefon auf dem Zimmer habe und nicht wie du auf dem kalten Gang telefonieren muss – so schön zentral wie dein Wohnheim ist das Junghans nicht gelegen."

„Dafür kannst du wenigstens kommen und gehen, wie du willst. Und du wirst nicht um Mitternacht eingesperrt." Ich erhob mich und klopfte mir den Dreck von meinem Wintermantel. „Komm, lass uns gehen. Wir sind schon spät."

Nach dem Unterricht stürmten wir zum Boot, das gerade ablegen wollte. Im letzten Moment sprangen Tim und ich an Bord, froh, nicht noch eine weitere Stunde auf der Uni-Insel verbringen zu müssen. Durch den grauen Regen, der mittlerweile eingesetzt hatte, näherten wir uns wenig später Venedig.

Es ist verblüffend zu sehen, wie effizient, wenn auch zeitraubend, die Venezianer ihre Infrastruktur über die gesamte Lagune verteilt und über die Jahrhunderte hinweg viele der notwendigen Einrichtungen auf zahlreiche der teilweise unbewohnten Inseln ausgelagert haben, die sich unmittelbar um Venedig gruppieren. Das Schwimmbad, der Golfplatz, das Fußballstadion, Krankenhäuser, Kloster, aber auch Hotels, sogar der Friedhof befinden sich auf einem im Meer gelegenen Eiland, Letztgenannter auf der Isola di San Michele, zu der die Verstorbenen in hölzernen Motorbooten transportiert werden. Auf Sant' Erasmo hingegen keimt in der Erde das Leben, dort bauen die Venezianer ihr Gemüse an, zum Beispiel *castraure di Sant' Erasmo*. Die jungen Artischocken sind eine der wenigen regionalen Spezialitäten, die hier feilgeboten werden. Auch grüner Spargel wächst dort, der von Sant' Erasmo aus nach Venedig auf den großen Markt am Rialto transportiert wird, wo die Händler zwischen Gemüse- und Obstsorten mit dem Versprechen kulinarischer Genüsse locken. Was sich so verführerisch anhört, hält der Realität leider nicht stand, denn die venezianische Küche bleibt weit hinter den Erwartungen, die man an die italienische Kochkunst stellt, zurück. Venedig mag ein Feuerwerk für die Sinne sein, kulinarische Überraschungen sind damit allerdings nicht gemeint.

Ein Umstand, der sich dadurch begründen lässt, dass Venedig von Wasser umgeben ist und sich mit regionalen Gerichten wie Meeresspinnen, Meeresheuschrecken oder schwarzem Tintenfisch, nur bedingt eine regionale Küche etablieren lässt, mit der man zu internationalem Ruhm gelangen kann. Die größte Schuld am kulinarischen Versagen dieser Region ist allerdings der Tatsache zuzuschreiben, dass die meisten Gäste in venezianischen Restaurants Touristen sind, die so schnell nicht noch einmal wiederkehren. Das lässt viele der einheimischen Gastronomen bequem werden. Natürlich, das war mir klar, sollte man all jene Restaurants meiden, vor denen Lichterketten oder mehrsprachige Menükarten hingen. Was ich allerdings bis dato nicht wusste, war, dass hier in optisch ansprechenden Restaurants mitunter eher mäßiges Essen serviert wurde. Eine Erfahrung, die Tim, Charlotte und ich diesen März machten, als wir beim Schlendern über den Rialto-Markt auf eine hell erleuchtete *trattoria* stießen, die sich hinter einer der zahlreichen Brücken versteckte. Das Restaurant erinnerte etwas an den Speisesaal eines der großen Kreuzfahrtschiffe, die sich regelmäßig durch den Giudecca-Kanal am Dogenpalast vorbeischieben, bevor sie zurück auf das offene Meer gelangen. Wir entschieden uns, einzukehren und zu Mittag zu essen, da es im Inneren des Lokals im Gegensatz zu dem Gedränge um uns herum erfreulich leer war.

Nachdem wir ziemlich lange gewartet hatten, brachte uns eine mürrische Kellnerin die Speisekarte. Hinter den Gerichten standen üppige Preise, aber da wir das Gefühl hatten, es wäre unhöflich, jetzt noch zu gehen, bestellten wir jeder einen *primo piatto*, einen ersten Gang. Noch bevor unser Essen serviert wurde, betrat ein Mechaniker den Raum und machte sich lautstark an der Heizung hinter uns zu schaffen. Wenig später erklang aus der Küche wildes Geschepper. Offensichtlich versuchte der Koch den Mechaniker mit seinem Lärmpegel zu überbieten. Als die Kellnerin die Teller mit Spaghetti unsanft vor uns absetzte und Tim vorsichtig fragte, ob es sich bei der Pasta, die sich auf dem Porzellan vor ihm traurig kringelte, wirklich um die *bigoli* handelte, die wir bestellt hatten, blitzte sie uns zornig an. „Das weiß ich doch nicht. Ich bin schließlich Kellnerin und keine Köchin." Sie warf uns einen abfälligen Blick zu und verschwand.

Niedergeschlagen verließen wir wenig später das Restaurant und flüchteten uns auf halbem Weg zum Campo Santa Margherita in eine *enoteca*, eine Kombination aus Weinhandlung und Feinkostgeschäft. Das *Vinus Venezia* war ein enger, länglicher Laden, der für venezianische Verhältnisse ungewöhnlich modern eingerichtet war, denn die Venezianer haben es eigentlich mehr mit der antiken Gemütlichkeit. Gerade unter den jüngeren Gastronomen aber wagte es in den letzten Jahren doch der eine oder andere auszubrechen und seiner Bar einen modernen Anstrich zu geben. Der Besitzer des *Vinus Venezia*, der sich uns schon nach wenigen Minuten als Lorenzo vorstellte, hatte sein Lokal von einem Innenarchitekten einrichten lassen. Während er uns eine halbe Flasche Rotwein in die bauchigen Gläser goss, klagten wir ihm unser Leid. Die Tatsache, dass wir drei so offensichtlich Touristen waren und – auch wenn wir uns, da wir für ein Jahr blieben, nicht so fühlten –, dementsprechend dafür zahlen mussten, machte uns langsam aber sicher mürbe.

Wenn man sich nur für kurze Zeit in Venedig aufhält, dann kann einem die Missachtung, mit der man hier mitunter den Touristen begegnet, von Herzen gleichgültig sein. Die meisten Reisenden wissen ohnehin nicht, dass sie gut das Vierfache von dem bezahlen, was ein Venezianer für seine Bootsfahrkarte ausgibt. Auch die Tatsache, dass nur Touristen ein „Orchesteraufschlag" in Rechnung gestellt wird, wenn sie sich auf einem der Plastikstühle auf dem Markusplatz niederlassen, um einen *caffè* zu trinken, ist weitgehend unbekannt. Und woher sollen Fremde wissen, dass sie viel zu viel auf den Tisch legen, wenn in den Bars, die sie ansteuern, die obligatorischen Preislisten fehlen? Charlotte, Tim und ich aber waren inzwischen lange genug in der Stadt, um uns darüber bewusst zu sein, dass wir nicht dazugehörten. Und das fühlte sich alles andere als gut an.

„*Ragazze vi prego*, ich bitte euch", lachte Lorenzo, nachdem er eine Weile zugehört hatte, und zuckte mit den Schultern. „Daran müsst ihr euch gewöhnen. Venedig ist eine Zweiklassengesellschaft. Nein, eigentlich sogar eine Vierklassengesellschaft. Die erste Klasse, das sind die gebürtigen Venezianer. Die zweite Klasse, das sind Italiener, die hier leben, die aber ursprünglich nicht aus Venedig stammen. Denn wirklich aus Venedig sind nur solche, deren Familien hier seit mehreren Generationen leben. An dritter Stelle kommen die Austauschstudenten und Ausländer, die länger hier sind, und zu guter Letzt die Touristen. Die sind quasi der Abschaum." Er nahm eine neue Rotweinflasche aus dem Regal. „Na", Charlotte schaute pikiert. „Da können wir ja froh sein, dass wir wenigstens zur dritten Klasse gehören, auch wenn wir immer für die vierte gehalten werden."

Lorenzo zuckte mit den Schultern. „So ist das Leben nun mal. *Cosi è la vita*." Dann füllte er sich selbst auch ein Glas und schob uns, wie als Wiedergutmachung für all die Ungerechtigkeiten, die uns widerfahren waren, auf einem großen Teller vier *panini* mit *porchetta*, mit Spanferkel, entgegen. „Sag mal, Lorenzo", fragte Tim und nahm einen herzhaften Bissen, „zu welcher Klasse gehörst du denn?" Lorenzo verkorkte den Rotwein. „Na, zur ersten natürlich", sagte er und drehte sich um, um die Flasche zurück ins Regal zu stellen.

Nach einer Weile fanden wir heraus, wo wir gut und günstig essen konnten. Statt in teure Restaurants gingen wir nun in die Bars, unter deren Glastresen sich dick belegte *panini* und *tramezzini, focaccie* und *piadine* stapelten, zu den Pizzerien, wo wir zwei Euro für die dünnen Teigstücke zahlten, die wir mitnahmen und unterwegs aßen, und in die *pasticcerie*, in denen *paste*, kleine Tortenstücke, verkauft werden. Abends trafen wir uns in den *osterie* und *bacari*, in denen *cicchetti* – die italienische Tapasversion – und Wein aus dem Veneto oder dem Friaul angeboten wurden. Schon bald hatten wir uns so weit an die italienischen Gepflogenheiten gewöhnt, dass auch wir ständig vom Essen sprachen. Denn selbst wenn das, was man in Venedig bekommt, nicht immer gut schmeckt, ist zumindest das Auge ständig von Nahrung umgeben. Pizzaläden und Eisdielen dominieren das Straßenbild, Baiserstücke, klebrige Teigwaren, überdimensionale Nudelpackungen und Pakete mit *Baicoli & Bussolà Buranelli*, den traditionellen venezianischen Keksen, füllen die Schaufensterauslagen, so dass ich unweigerlich die tröstliche Schlussfolgerung zog, dass man in Venedig vielleicht häufig schlecht isst, aber zumindest unmöglich verhungern kann.

Zum Abendessen im Wohnheim tauchte ich hingegen immer seltener auf, denn zur Essenszeit war ich meistens unterwegs. Als ich eines Nachmittags doch einmal ungewöhnlich früh nach Hause zurückkehrte, rief mich die Direktorin zu sich. *„Cara mia!"* Sie lächelte süßlich. „Die Mädchen haben mich gebeten, dir auszurichten, dass du die Tür doch bitte leiser schließen sollst!" Sprachlos sah ich sie an. Mein Versuch, ihr zu erklären, dass es in Studentenwohnheimen in der Regel wesentlich lauter zuging, meine Zimmertür verzogen war und sich nur mit Gewaltanwendung schließen ließ und ich darüber hinaus die Meinung vertrat, man könne in unserem Alter solcherlei Angelegenheiten auch ohne Schützenhilfe der *direttrice* regeln, scheiterte daran, dass ich immer noch zu lange brauchte, bis ich mir in der fremden Sprache eine passende Antwort zurechtgelegt hatte. Einmal mehr spielte ich mit dem Gedanken, Ende Mai, wenn mein Mietvertrag auslief, sofort umzuziehen.

Der März verflog. Gerade als ich anfing, mich etwas einzuleben, musste ich für eine wichtige Prüfung noch einmal nach Deutschland zurückkehren. Generell ist Zugfahren in

Italien günstiger als in Deutschland. Von Venedig aus kann man zum Beispiel für circa neun Euro ins zwei Stunden entfernte Bologna reisen. Bei Nachtzugfahrten nach Deutschland lag der Fall allerdings etwas anders. Da es über die italienische Bahn keine Spartickets gab, hatte meine Mutter mir, bevor ich online buchen konnte, als Geschenk eine günstige Fahrkarte besorgt und nach Venedig geschickt. Als aber kurz vor meiner Rückkehr nach Deutschland, immer noch kein Umschlag in meinem Postfach in der Empfangshalle des Wohnheims lag, wurde ich unruhig. Ich rief bei meinen Eltern an. „Das kann doch überhaupt nicht sein", sagte meine Mutter erstaunt. „Ich habe den Brief schon längst abgeschickt."

„Eine Woche habe ich noch bis zur Abfahrt. Hoffen wir, dass die Fahrkarte noch auftaucht. Manchmal braucht die italienische Post einfach etwas länger", beruhigte ich sie und mich und wartete weiter. Vergeblich. Drei Tage vor meiner Abreise beschloss ich daher, die Post aufzusuchen, die in der Nähe vom Rialto lag und in einem mehrstöckigen Atrium ansässig ist, das von einem Glasdach gekrönt wird, unter dem sich ursprünglich der *Fondaco dei Tedeschi,* der Handelshof der deutschen Kaufleute befand.

Ich betrat die große Halle und reihte mich in eine der langen Schlangen ein, um zu warten. Als ich an die Reihe kam, versuchte ich einer missmutigen dunkelhaarigen Frau mein Anliegen zu erklären. „*No,* wenn bei Ihnen nichts angekommen ist, dann kann ich da leider auch nichts machen", wiegelte sie mein Fragen ab. Das konnte doch überhaupt nicht sein. Schließlich hatte die Postbeamtin nicht einmal nachgesehen. Ich beschloss, mich nicht so leicht abwimmeln zu lassen und stellte mich ans Ende einer benachbarten Schlange. Als ich in der *coda di attesa* nach ganz vorne gerückt war, versuchte ich dem ältlichen Postbeamten zu erklären, wo mein Problem lag. Er grunzte etwas, dann drehte er sich um und verschwand in einem Raum im hinteren Bereich der Schalter. Kopfschüttelnd kehrte er eine Minute später zurück. *„Mi scusi!* Da ist kein Brief für Sie." Ich fing an, die italienische Post zu verfluchen, die entweder streikte oder unzuverlässig war.

Unschlüssig setzte ich mich für einen Moment auf die Stufen, die ins Obergeschoss führten, dann rief ich Alessia an. „Lass dich nicht so abkanzeln!", riet sie mir. „Die haben bloß keine Lust, richtig zu suchen! Weißt du, wieso Briefe hier zum Beispiel oftmals schneller ankommen als Postkarten? Man sagt, dass jeden Morgen die Beamten damit beginnen, die Briefe zu sortieren, da sie wichtiger sind als die *cartoline.* Dabei sind die Angestellten hier allerdings so langsam, dass, wenn sie bei den Karten angelangt sind, bereits fast Feierabend ist. Und am nächsten Tag fangen sie dann wieder bei den neuen Briefen an. Kein Wunder also, dass es manchmal ewig dauert, bis man die Urlaubsgrüße der Freunde in den Händen hält. Und kein Wunder, dass sie deine Fahrkarte nicht finden. Los, stell dich noch einmal an!"

Alessia behielt glücklicherweise Recht, und die rundliche Dame am dritten Schalter hatte Erbarmen. Vielleicht war sie ja selbst Mutter einer Tochter, der sie ab und an etwas schicken wollte, und darauf angewiesen, dass die Post rechtzeitig ankam, denn nachdem sie eine Viertelstunde verschwunden blieb und die Leute hinter mir bereits zu murren anfingen, tauchte sie mit triumphierendem Blick wieder auf und drückte mir ein etwas zerknittertes Kuvert in die Hand. *„Ecco!* Hier ist der Brief. Die Adresse auf dem Umschlag stimmt nicht, daher konnten wir ihn nicht zustellen. Gute Heimreise, *Buon ritorno!"*

Zufrieden über diesen kleinen Sieg verließ ich das Gebäude, überquerte den Canal Grande, passierte den Campo Santo Stefano, ließ die Frari-Kirche hinter mir und kehrte ins Wohnheim zurück. Dort überprüfte ich die Adresse, die

– natürlich, wie sollte es anders sein – bis auf den letzten Buchstaben stimmte. Offensichtlich, das hatten die vergangenen vier Wochen gezeigt, bekam man in dieser Stadt nichts geschenkt, sondern musste sich hartnäckig auf die Suche begeben. Ob es sich dabei nun um eine Adresse handelte, den Versuch, sich einen Platz im Wohnheim oder einem Sprachkurs zu organisieren, ein ursprüngliches Restaurant zu entdecken oder verlorengegangene Post ausfindig zu machen – die Dinge, das hatte ich in diesem März definitiv gelernt, waren in Venedig niemals einfach, denn Venedig ist eine komplizierte Stadt. Sie heißt einen nicht mit offenen Armen willkommen, sie gibt sich nicht einfach hin, sondern will, ähnlich wie eine Diva auch im alltäglichen Leben, immer wieder aufs Neue erobert werden.

April

... in dem ich mich auf die Spuren Palladios begebe zu Unzeiten in die Kirche gehe und die Lagune von ihrer dunklen Seite kennenlerne.

ALS ICH ANFANG APRIL aus Deutschland zurückkehrte, läuteten gerade die Kirchenglocken. Es war, als wollten sie mich dazu beglückwünschen, dass meine Mitbewohnerin ausgezogen und ich von nun an stolze Besitzerin einer *camera singola* war. Im zweiten Stock angelangt fand ich unser Zimmer verlassen vor, nur dort, wo zuvor Ilarias Sachen gestanden hatten, drängten sich noch einige Staubflusen entlang der Fußbodenleiste aneinander. Als ich gerade damit anfing, die Möbel umzustellen und etwas Platz zu schaffen, betrat Ilaria den Raum, um die letzten Poster von der Wand zu nehmen. „Was machst du denn über Ostern?", fragte sie und setzte sich auf ihr ehemaliges Bett. „Nichts. Ich bleibe hier, ich bin doch gerade erst aus Deutschland zurückgekommen." Sie schaute mich erstaunt an. „Du weißt schon, dass das Wohnheim über die Feiertage schließt, oder?" Ungläubig blickte ich auf. Ich hatte keine Ahnung. Woher auch, denn es hatte mir niemand Bescheid gegeben, und sollte ich zufällig auf dem Flur an ein paar Mädchen vorbeigelaufen sein, die sich darüber unterhielten, dann hatte ich es wahrscheinlich schlicht und ergreifend nicht verstanden.

Nach einigem Zögern rief ich Alessia an. Still hörte sie mir zu. „Wo soll ich denn jetzt hin?", schloss ich nach einer Weile etwas verzweifelt meinen Bericht. „Reg dich nicht auf, das bringt nichts. Du kommst einfach mit zu meiner Fami-

lie nach Verona. Von dort aus fahren wir dann alle gemeinsam zur *nonna*, zu meiner Großmutter, nach Udine." Erleichtert legte ich auf. Daran, dass ich wirklich ungern ein
zweites Mal für ein paar Tage nach Deutschland zurückgekehrt wäre, merkte ich, dass ich, trotz aller Widrigkeiten
die der Alltag in Venedig mit sich brachte, langsam damit
angefangen hatte, mich hier einzuleben.

Für die typische italienische Studentin war es, anders als
für mich, nicht vorstellbar, Ostern ohne ihre Familie zu verbringen. Da die meisten *studenti* in Venedig ursprünglich
aus der Region, dem Veneto, kommen, haben sie es nicht
sonderlich weit bis in ihre Heimat, so dass viele von ihnen,
nach dem Wochenende bei ihren Eltern, erst dienstagmor-
gens nach Venedig zurückkehren, um vom Bahnhof aus direkt in die Uni zu eilen, und freitags so schnell wie möglich
wieder nach Belluno, Bassano del Grappa, Rovigo, Verona
oder Treviso zu entschwinden. An einem eigenständigen
Leben haben sie erstaunlicherweise nur mäßiges Interesse,
was zum Teil natürlich an dem engen italienischen Familienverbund liegt, der sie auf subtile Art und Weise in den
Klauen hält. An den wenigen Tagen, die meine Mitbewohnerinnen getrennt von ihren Eltern verbrachten, glühten daher
die Telefonleitungen des Wohnheims heiß. Welches Wasch-
mittel kaufst du? Wie ist das Wetter? Was hast du gegessen?
Überlebenswichtige Fragen, die natürlich unbedingt und umgehend mit *la mamma* erörtert werden mussten. Aus dieser
Sozialisation heraus, die ich erst einmal verstehen musste,
erklärten sich für mich langsam auch die doch ungewöhnlich häuslichen Wesenszüge meiner Mitbewohnerinnen.

Alessia, die selbst eine Weile in dem Wohnheim gelebt
hatte, liebte meine kleinen Anekdoten aus dem *casa dello
studente*. Und obwohl ihr eigener Aufenthalt in der Studen-
tenunterkunft schon eine Weile zurücklag, erinnerte sie
sich noch gut an die etwas düstere Atmosphäre und das

ausufernde Regelwerk, dem auch sie sich nur ungern untergeordnet hatte. Hinter vorgehaltener Hand erzählte sie mir von den Gerüchten, die sich die Mädchen damals in den Fluren zugetragen hatten. Von einer wilden Affäre der kühlen Direktorin Eugenia mit dem Küchenjungen Giuseppe war da die Rede gewesen. „Und das, obwohl sie bestimmt fünfzehn Jahre älter ist als er", flüsterte Alessia verschwörerisch. „Angeblich hat er sie mit Rosensträußen überhäuft. Dabei ist sie fast verheiratet. Aber wer weiß, vielleicht ist das Ganze, wie so vieles in Venedig, auch nur ein Märchen."

Wir schlenderten zwischen den Bars am Rialto entlang, ein *Spritz* in der Hand. Am Rande des Canal Grande gab ein ambitionierter Sänger sein Können zum Besten. Aus dem Gedränge vor der Bühne reckten sich uns Hände entgegen, die aufgeregt winkten, offensichtlich wurden wir schon erwartet. Wenig später stellte Alessia mich einer Gruppe Italiener und Italienerinnen vor, die zeitgleich begannen, gestikulierend auf mich einzureden. Nachdem wir eine Weile der Band gelauscht hatten, beschlossen Alessia und ihre Freunde weiterzuziehen, während ich mich verabschiedete und ins Wohnheim zurückkehrte. Es war kurz vor zwölf, und da ich keinen Nachtschlüssel dabei hatte, musste ich mich, wenn ich nicht im Freien nächtigen wollte, ziemlich beeilen. Gerade noch rechtzeitig schlüpfte ich durch das schwere Eingangsportal, das Eugenia hinter mir mit einem großen Schlüsselbund fest verschloss.

Als ich am nächsten Morgen aufstand, war es draußen noch dunkel. Wir hatten mit unserem VIU-Kunstgeschichtskurs einen Tagesausflug geplant, der in Venedig begann und uns gegen Mittag ins venezianische Umland führen sollte, wo wir die Villen besichtigen wollten, die Andrea Palladio entlang der Brenta gebaut hatte. In Venedig selbst sind von dem berühmten Baumeister die Kirchen Il Redentore und San Giorgio Maggiore zu sehen, denen wir an diesem Vormittag unter der Führung von Signora De Nicola, einer zarten, schüchternen Italienerin, die immer ein wenig auf der Hut zu sein schien, als ob sie damit rechnete, sich jeden Moment gegen eine Horde aufmüpfiger Halbstarker behaupten zu müssen, einen Besuch abstatteten. Wir trafen uns mit ihr an der Chiesa San Francesco della Vigna, von wo aus wir, bevor uns zur Mittagszeit ein Bus an der Piazzale Roma einsammeln würde, zu den zwei *chiese* Palladios auf die Giudecca übersetzten. Keiner von uns war bisher am Ufer der Venedig gegenüberliegenden Insel gewesen, um die beeindruckenden Bauwerke zu besichtigen, was nicht verwunderlich ist, denn den beiden Gotteshäusern wird, da ganz Venedig mit Kunst und Kirchen geradezu überladen ist, selbst von den Touristen verhältnismäßig wenig Aufmerksamkeit geschenkt.

Als böten all die Kirchen, von denen die Stadt durchsetzt ist, nicht genug Platz für die vielen andachtwütigen Pilger, haben die Venezianer zusätzlich unter vielen Unterführungen, den sogenannten *sotoportegi*, noch Miniatur-Marienaltäre für den Hausgebrauch angebracht, die oftmals mit einer winzigen Vase ausgestattet sind, in der eine Plastikblume steckt. Wer sich etwas Mühe gibt und sucht, kann in der Nähe des Arsenale, der alten Schiffswerft, in der die Flotte der Republik Venedig beherbergt wurde, ein besonders großes Exemplar dieser christlichen Gedenkstätten finden. Mannshoch und türkis gestrichen strahlt einem der Altar, der sich von einer dunkelroten Backsteinwand absetzt, schon von Weitem entgegen. Tritt man näher heran, gibt das schnörkelige Eisengitter der Tür den Blick auf drei pinkfarbene Blumensträuße frei, um die zahlreiche Fotografien verstorbener Venezianer drapiert wurden, derer hier gedacht wird.

In unzähligen der *palazzi* existieren darüber hinaus in Wandnischen eingelassene Altäre und selbst unser katholisches Mädchenwohnheim besaß eine hauseigene Kapelle.

Ich hatte allerdings, obwohl ich mich sehr bemühte, eines der Mädchen in der *cappella* zu entdecken, noch nie jemanden hinein- oder hinausgehen sehen. Zumindest zum Beten wurde dieser Ort anscheinend nur höchst selten benutzt.

Dass Venedig in einem überdimensioniert hohen Maß mit Kirchen ausgestattet ist, liegt wohl daran, dass die Venezianer zwar immer schon liberaler waren als der Rest des Landes und die Stadt für ihre sündigen Vergnügungen berüchtigt, sie sich aber zugleich – zumindest offiziell – sehr gläubig gaben.

Der ein oder andere mag nun der Meinung sein, dass es gleichgültig ist, welche der zahlreichen Kirche man in der Lagunenstadt besucht, aber das ist ein Trugschluss. Denn die Kirchen in Venedig sind genauso unterschiedlich wie die Menschen, die hier leben. Und für jeden, egal ob er gläubig ist oder nicht, gibt es in Venedig, eine für ihn bestimmte *chiesa*. Bis man diesen Ort gefunden hat, kann es allerdings, ähnlich wie in der Liebe, eine Weile dauern. Vielleicht liegt das daran, dass Liebe und Glaube letztendlich ziemlich nah beieinanderliegen. Ob man an die Liebe glaubt und sich nach ihr ausrichtet oder an einen Gott, macht keinen großen Unterschied – beides ist sinnstiftend und verhilft zu Orientierung. Und vielleicht gibt es in Venedig sogar gerade deswegen so viele Kirchen, weil man hier angesichts des Gassengewirrs und all der zahlreichen Versuchungen schon immer recht leicht vom Weg abkam.

Die prominenteste Kirche von Venedig thront direkt im Herzen der Stadt. Am Rande des Markusplatzes gelegen, ist die Basilica di San Marco eines der bedeutendsten Bauwerke der Stadt und Anziehungspunkt für die Tagestouristen, die sich von der Rialto-Brücke über die *Piazza* bis zu ihren Pforten schieben. Über alle Welt erhaben und mit stoischer Gelassenheit lässt sie es mit sich geschehen, dass Tag für Tag enorme Menschenmassen durch ihr Inneres geschleust werden. Um einen Blick auf die kunstfertigen Mosaike zu erhaschen, die nur bei Sonnenlicht in einem warmen Goldton schimmern, stehen die Besucher vor ihrem Portal Stunde um Stunde und bei jeder Witterung Schlange. Nur sehr früh morgens, wenn die Sonne aufgeht, oder spät abends, wenn die Musikanten vor dem *Caffè Florian* ihren Musikinstrumenten die letzten Klänge entlocken, gelingt es dem einen oder anderen, ein Foto zu schießen, auf dem das Gebäude, das Goethe als prunkvoll geschmückten Taschenkrebs bezeichnete, nicht von Touristenscharen verdeckt wird. Dennoch werden nur die wenigsten Besucher das Gefühl haben, dass es sich bei der *basilica* um ihre „persönliche" Kirche handelt. Sie ist zu groß, zu erhaben und somit, im Gegensatz zu den Andachtsorten unter den Unterführungen, für den Hausgebrauch schlicht ungeeignet.

Wie den meisten Reisenden auch, war mir die Basilica di San Marco als einzige venezianische Kirche bereits ein Begriff, bevor ich nach Venedig kam. Die weiteren Kirchen dieser Stadt lernte ich hingegen erst während der vor Ostern liegenden Apriltage kennen. Mit Tim an meiner Seite unternahm ich ausgiebige Kirchenspaziergänge. Ausgestattet mit dem *Chorus Pass*, der einen ermäßigten Eintritt in dreizehn venezianische Kirchen ermöglicht – denn in Venedig kostet selbst ein Besuch bei Gott etwas –, spazierten wir von Station zu Station, besichtigten Tizians *Assunta* in der Chiesa Santa Maria Gloriosa dei Frari, die Chiesa di San Rocco nebst anliegender *scuola*, in der es eine Vielzahl düsterer Tintoretto-Gemälde zu bestaunen gibt, und erreichten schließlich die mit Marmor verkleidete Chiesa di Santa Maria dei Miracoli, eine der Lieblingskirchen der Venezianer. Dass ein solches „Kirchen-Hopping" erstaunlich unterhaltsam sein kann, solange man nur ein wenig Interesse für Architektur, Kunst und vor allem für Venedig mitbringt, liegt vor allem daran, dass man der Stadt während einer solchen *passeggiata* unweigerlich immer auch in ihrer Gesamtheit näher kommt, den einzelnen Vierteln, die hier auf Grund ihrer Anzahl nicht *quartiere*, sondern *sestiere*, also Sechstel genannt werden, aber auch den *parrocchie*, wie die zu den einzelnen Kirchen gehörenden Gemeinden heißen.

Einmal im Jahr richtet jedes dieser *parocchie* ein großes Fest aus, zu dem sich Venezianer aus der ganzen Stadt auf dem Kirchenvorplatz zusammenfinden. Auf einem von ihnen, dem Campo San Giacomo dell' Orio, lief ich gerade entlang, als mich kurz vor Ostern eine SMS von Alessia erreichte. „Abfahrt nach Verona schon heute, einen Kuss, *un bacione!*" Während ich mich noch über die Angewohnheit der Italiener wunderte, die in inflationärer Weise verbale Küsse verteilen – selbst die Fernsehmoderatorinnen von Ratesendungen riefen ihren Kandidaten mitunter ein fröhliches *tanti baci* zu –, packte ich meinen Koffer, trug ihn am Nachmittag mit in die VIU, schrieb, mit den Gedanken bereits in Verona und Udine, meine Klausur über Palladio, die für diesen Tag angesetzt war, und hetzte von der Uni-Insel zum Bahnhof, wo Alessia schon auf mich wartete. In letzter Minute erreichten wir den Regionalzug.

Alessias Familie empfing mich genauso herzlich, wie man es von Italienern erwartet. Mit den Worten *„che bella bionda!"* lotste ihr Vater uns ins Wohnzimmer, wo Alessias jüngerer Bruder Daniele auf der Couch vor dem Fernseher hing und lustlos durch die Kanäle zappte, während Alessia mich weiter zum Gästezimmer führte, das ihre Mutter im englischen Landhausstil eingerichtet hatte.

Am nächsten Tag, Karfreitag, gab es Fisch zu Mittag. „Ich habe heute kein Dessert zubereitet", erklärte mir Alessias Mutter, als wir ihr nach dem Essen halfen, den Tisch abzuräumen. „Denn wir essen, wie es sich gehört, heute keine *dolciume.*" Sie sah mich an. „Hast du einen Freund?", fragte sie dann unvermittelt, so als ob zwischen dem Karfreitags-Süßigkeitenverbot und eventuellen Liebschaften ein unmittelbarer Zusammenhang bestünde, und schickte mich, als ich verneinte, mit ihrem ältesten Sohn Fabrizio in den Keller, um Getränke zu holen.

Als ich am nächsten Morgen die Küche betrat, die durch eine offene Anrichte von dem großzügig geschnittenen Wohnzimmer getrennt war, saßen Alessia und Daniele bereits beim Frühstück, das, wie immer bei den Italienern, nur aus Keksen und Kaffee bestand. Anders als wir Deutschen, die von klein auf dazu angehalten werden, möglichst gut zu frühstücken, geht es bei den Italienern morgens recht spartanisch zu. „Hast du gut geschlafen?" Alessia füllte mir *caffè* in eine Tasse, holte Milch aus dem Kühlschrank und schob mir die *biscotti*-Packungen zu, während ich mich neben ihr am Tisch niederließ. „Tief und fest. Du kannst dir nicht vorstellen, wie froh ich bin, eine Nacht nicht frieren zu müssen." Alessia lachte. „Na, du hast ja noch ein paar Nächte vor dir, in denen du dich bei uns aufwärmen kannst!" Sie leerte ihre Kaffeetasse. „Komm, machen wir uns fertig und packen die Sachen zusammen. Meine Eltern sind schon auf dem Weg Richtung Udine, Fabrizio macht noch ein paar Besorgungen und holt uns dann ab."

Wenig später fuhren Alessia, Fabrizio, Daniele und ich die *autostrada* Richtung Udine entlang. Aus den Boxen erklang leise Musik. Alessia dreht das Radio auf, während Daniele, der selbst in einer Band spielte und anscheinend alle Songs auswendig kannte, laut in den Gesang einstimmte.

In Udine angekommen bogen wir in die Straße ein, in der Alessias Großmutter lebte. Als wir aus dem Auto stiegen, verschwand oben, im fünften Stock ein silbergrauer Haarschopf aus der Fensteröffnung. „Das war die *nonna*, die hat schon auf uns gewartet!" Alessia schlug die Autotür zu, dann schulterten wir das Gepäck und fuhren mit dem

Fahrstuhl des modernen Mietsgebäudes nach oben. Die Wohnungstür stand bereits offen, als wir das Treppenhaus betraten. Im Flur wurden wir von Alessias Großmutter empfangen, die uns neugierig entgegeneilte. Trotz ihrer neunzig Jahre war Alessias *nonna* quicklebendig und, das wurde mir nach wenigen Minuten in ihrer Gegenwart klar, das unbestrittene Oberhaupt der Familie. „Ah, welch ein hübsches Kleid du anhast", sie musterte mich aus ihren hellen, wachen Augen. „Weißt du, ich habe früher auch Kleider genäht. Ich war ziemlich gut darin, die Entwürfe der bekannten italienischen Modehäuser nachzuschneidern!" Dann zog mich die für ihr Alter in der Tat immer noch sehr elegante Dame ins Wohnzimmer, wo ich die nächste halbe Stunde damit verbrachte, das selbstgetöpferte Geschirr, das Alessias Tante angefertigt hatte, zu bewundern. Nachdem ich brav gefühlte hundert Mal *„che bello! che bello!"* gerufen und zusätzlich sogar in die Hände geklatscht hatte, um meiner Begeisterung Ausdruck zu verleihen, schien sie zufrieden genug, um mich offiziell als vorübergehendes Familienmitglied zu akzeptieren. Sie bedeutete mir, ihr in die Küche zu folgen, wo sie Alessias Tante, die in Udine lebte, um sich um ihre Mutter zu kümmern, befahl, mir einen Kaffee und einen Teller mit Keksen aufzutischen. Dann sah die alte Dame, die offensichtlich ein strenges Regiment führte, mich an, stemmte die Hände in die Hüften und brummte: *„Allora*, dein Name ist viel zu kompliziert. Ich werde dich Francesca nennen oder Franci, das ist doch schön. Oder vielleicht Fra, das ist am einfachsten."

Der Ostersonntag begann mit einem Gang zur Messe. Direkt nach dem Aufstehen versorgte uns die *nonna* mit einem Kaffee dann scheuchte sie uns auf die Straße. Gemeinsam mit der ganzen Familie machte ich mich zu Fuß auf den Weg zur nächstgelegenen *chiesa*. Fabrizio, bei dem es am Abend zuvor spät geworden war, schlief fast im Gehen ein. Verkatert ließ er sich, am Ziel angelangt, auf eine Kirchenbank fallen. „Oh, ich hätte so gerne noch geschlafen, aber gegen die *nonna* bin ich machtlos", seufzte er in Gedanken an seine Großmutter, die gerade zu Hause das Mittagessen vorbereitete und die, während wir erst um zehn die Kirche erreichten, bereits die Frühmesse besucht hatte.

Vom Inhalt des Gottesdienstes verstand ich überraschenderweise bereits mehr als gedacht. Die letzten paar Tage im italienischen Familienverbund schienen, was meine Sprachkenntnisse betraf, wahre Wunder bewirkt zu haben, und so lobte ich auf dem Heimweg recht flüssig die Kirche, Udine, die Predigt und die Italiener im Allgemeinen, während ich mich gleichzeitig einmal mehr über diese ausgeprägte Kultur des Lobes wunderte, die in Italien zelebriert wird. In Deutschland wäre jeder, der ein so hohes Maß an Begeisterung an den Tag gelegt hätte wie ich gerade, der übertriebenen Schmeichelei verdächtigt worden. In Italien hingegen schien ich mit meinen Komplimenten gerade notdürftig das gebotene Maß an Höflichkeit zu erfüllen.

Das Osteressen, das Alessias Großmutter zubereitet hatte, die uns in der Wohnungstür stehend erwartete, als wir aus der Kirche zurückkehrten, bestand aus *pasticcio*, Salat, Erbsen, akkurat geformten Mettbällchen und *colomba*, dem traditionellen Osterkuchen, dessen Form einer Taube ähnelt. Nach dem *caffè* aßen wir die Schokoladeneier, die Alessia von der Anrichte holte und auf den Esstisch stellte, denn in Italien werden die Ostereier anders als bei uns nicht versteckt, sondern stehen, in glitzerndes Papier gepackt, mit all ihrer fragwürdigen Dekorativität gut sichtbar im Raum.

Abends führte uns Fabrizio in eine dunkle Bar, in der bereits ein paar Freunde von Alessia und ihm auf uns warteten. *„Una sorpresa"*, strahlte er und sah mich erwartungsvoll an. „Da wirst du dich freuen." Die Überraschung entpuppte sich als eine Getränkekarte, auf der 120 Biersorten verzeichnet waren, und Fabrizio machte ein enttäuschtes Gesicht, als ich ihm eröffnete, dass Bier mir noch nie geschmeckt und ich schon immer einen italienischen Wein dem deutschen Nationalgetränk vorgezogen habe. „Aber du bist doch Deutsche! Du musst doch Bier mögen!" Die ganze Runde schüttelte in synchroner Fassungslosigkeit den Kopf, denn die Italiener trinken ausgesprochen gerne Bier, das in Italien allerdings wesentlich teurer ist als bei uns. Dass ich das Nationalgetränk der Deutschen verschmähte, konnten sie nicht verstehen, und so einigten sie sich, um ihr Weltbild wiederherzustellen, schließlich darauf, dass ich eigentlich in meinem Herzen bereits seit meinen Kindertagen nach Italien gehörte. Andernfalls hätte Fabrizio mich wahrscheinlich auch kaum am Ostermontag mit nach Grado genommen, einen kleinen Ort an der Nordküste der Adria, der sich am äußeren Ende des Golfs von Venedig befindet. Freunde von den drei Geschwistern hatten hier ein Apartment gemietet, um im dazugehörigen Garten eine *grigliata*, ein traditionelles Ostergrillen zu veranstalten.

Am Ostermontag brachen wir unter den wachsamen Augen der Großmutter auf. Unserem Ausflug war eine abendfüllende Diskussion vorangegangen. In dem Apartment in Grado sollte an diesem Sonntag im Vorfeld des Grillens bereits ein Fest stattfinden. Dort hinzufahren hätte für uns allerdings bedeutet, in Grado auf dem Boden übernachten zu müssen, ein Gedanke von dem ich jetzt, wo ich mich gerade von meinem Wohnheim erholt hatte, überhaupt nicht angetan war. Fabrizio hingegen wollte am liebsten sofort aufbrechen, Alessia war unentschlossen, ich schwieg, blickte aber aus den Augenwinkeln in Richtung *nonna*, die genauso reagierte, wie ich erwartet hatte. Rigoros beendete Alessias Großmutter die Diskussion, indem sie entschied, dass es ausreichen würde, am Montag aufzubrechen. „Fabrizio, du hast schließlich die Verantwortung für die Mädchen! Es gehört sich nicht, auf dem Boden zu schlafen, und zuzumuten ist es ihnen auch nicht!! *E basta!*"

Ihre unpopuläre Entscheidung erwies sich im Nachhinein als großer Glücksfall, denn Ostergrillen am Strand hatte sich in der Theorie zwar sehr verlockend angehört, in der Praxis aber befand sich das Apartment relativ weit vom Meer entfernt. In den Räumen der im Erdgeschoss gelegenen Wohnung war es kalt und ungastlich, auf dem Steinfußboden erkannte ich deutliche Spuren der vergangenen Partynacht, und irgendjemand hatte mit einem Schlafsack in der Badewanne genächtigt. „Gott sei Dank sind wir gestern in Udine geblieben", war demnach auch Alessias erster Kommentar, als Fabrizio uns durch die Tür in den Garten schob, in dem gerade mehrere große Grills aufgebaut wurden. Die anderen Gäste schlurften müde durch die Räume oder bugsierten wortkarg ein paar Plastikstühle ins Freie. „Ja, Gott sei Dank, es ist ja so kalt hier." Alessia fröstelte und zog mich Richtung Grill. „Komm, wir stellen uns hierher und fangen mal mit etwas Wein an, dann wird uns warm." Ein bebrillter Italiener begann, dicke Polentascheiben auf den Rost zu legen. Dann wurden nach und nach unzählige Lebensmittel aus dem Haus getragen. „Wer soll das nur alles essen?", fragte ich beeindruckt. „Keine Sorge, das kommt schon weg." Während Alessia sich bereits den Teller belud, stellte ich fest, dass sich der Garten trotz des mäßigen Wetters überraschend schnell mit Leuten füllte, die sich allesamt als erstaunlich gute Esser erwiesen, so dass die Gastgeber bald für Nachschub sorgen mussten.

Gegen Nachmittag wurde die Stimmung ausgelassener. Das Fest hatte sich mittlerweile in die Ferienwohnung verlagert, in der Badewanne kühlten die Getränke zwischen Eisblöcken. Als die ersten Gläser zu Bruch gingen, rief Fabrizio zum Aufbruch. Am nächsten Morgen verabschiedeten

Alessia und ich uns in Udine von ihrer Familie und fuhren mit dem Zug direkt nach Venedig zurück, wo ich mit leisem Bedauern in mein Wohnheimzimmer zurückkehrte.

Am letzten Mittwoch im April traf ich mich mit Tim, der über Ostern nach Deutschland gefahren war, auf ein *Spritz* im *Caffè Noir*. Tim war finsterer Laune. Er hatte Streit mit seinem Heidelberger Freund, der nicht verstand, weshalb Tim sich nur unregelmäßig bei ihm meldete. Aber wie sollte man einem Daheimgebliebenen, der noch nie im Ausland gelebt hatte, erklären, dass einen dieses neue Leben vollkommen absorbierte, ohne dass man es merkte, und alles, was mit der alten Heimat zu tun hatte, völlig überlagerte?

Während wir noch über einer Lösung für sein Dilemma grübelten, stieß Charlotte zu uns und orderte an der Bar eine zweite Runde Aperitif. Kurz nach ihr trat ein dunkelhaariger untersetzten Italiener, der ein weißes Hemd trug und sich in etwas dandyhafter Manier einen Schal um den Hals geschlungen hatte, an den Tresen und begann uns in ein Gespräch zu verwickeln. Er kam mir bekannt vor, aber es dauerte eine Weile, bis mir einfiel, dass es sich um Giuliano handelte, der mich schon im Februar während der Karnevalsparty auf dem Biennale-Gelände angesprochen hatte. Heute war er mehr an Charlotte interessiert, die er mit aller Energie, die ihm zur Verfügung stand, anhimmelte. „Und? Habt ihr Lust auf eine Bootsfahrt?" Er lehnte sich auf die hölzerne Theke. „Bootsfahrt", echoten Charlotte, Tim und ich und wurden sofort hellhörig. Natürlich waren wir bereits unzählige Male mit den *vaporetti*, den öffentlichen Booten, hin- und hergefahren, aber das hier hörte sich ganz danach an, als ob uns da jemand eine Fahrt in einem privaten Motorboot offerierte, eine Gelegenheit, die sich Ausländern in Venedig nicht sonderlich oft bietet, schließlich waren Boote, mit denen man private Touren unternehmen konnte, fast ausschließlich im Besitz der Venezianer. Das wiederum lag, wie Giuliano uns wenig später erklärte, nicht etwa an der Tatsache, dass die Boote unbezahlbar waren, sondern vor allem daran, dass man seine *barca* nicht einfach am Rande einer der zahlreichen Kanäle vertäuen konnte, sondern einen Liegeplatz mieten und das Boot vorschriftsmäßig dort festmachen musste. Ich hatte ursprünglich angenommen, die Venezianer würden einen Großteil der Strecken auf dem Wasser zurücklegen. Tatsächlich aber nutzen sie ihre *barce* meistens nur zu besonderen Gelegenheiten, für Umzüge, Wochenendausflüge zum Strand, und natürlich auch dazu, um Touristinnen zu beeindrucken. „Na klar wollen wir!" Bevor wir noch Zeit zum Nachdenken hatten, legte Tim schon einen Schein auf den Tresen, während Giuliano uns zur Tür hinaus schob und uns bedeutete, ihm Richtung Campo Santa Margherita zu folgen. Neben der breiten Brücke, die den Platz von der Chiesa di San Pantalon trennte, wartete ein weißes Motorboot mit laufendem Motor, an dessen Steuer ein langhaariger Mann stand. *„Ciao Nino",* rief Giuliano schon von Weitem. „Ich habe uns noch jemanden mitgebracht!" Nino schien nichts gegen unsere Anwesenheit zu haben, denn er streckte uns auffordernd die Hand entgegen. „Ihr könntet es euch dort bequem machen." Er zeigte in den hinteren Teil des *motoscafo*, in dem er aus blauen Polstern eine Liegefläche zusammengebaut hatte. Da ich zu neugierig war, um mich zu setzen, stellte ich mich, als das Boot losfuhr, neben ihn, um über die Frontscheibe hinaus auf den vor uns liegenden Kanal zu spähen. „Du kannst von mir aus hier stehen bleiben", sagte Nino, „aber du musst ein wenig aufpassen, manche Brücken hier sind niedrig, und wenn du dir nicht den Kopf stoßen willst, musst du beizeiten in Deckung gehen." Tatsächlich passierten wir schon bald einen Brückenbogen, der sich so tief über dem Wasser spannte, dass wir uns ducken mussten, während wir unter ihm hindurchglitten. Vor dem Paradiso Perduto, einem an der Fondamenta della Misericordia gelegenen Lokal, stoppten wir bei laufendem Motor. Unter den neidvollen Blicken der am Ufer sitzenden Gäste half Nino zwei Mädchen ins Boot, die hier auf uns gewartet hatten. Rosalie und Freja waren ein ungleiches Duo. Die schmächtige Rosalie versteckte sich hinter einer dunkelhaarigen Audrey-Tautou-Frisur. Sie reichte Freja – einer großen, raumgreifenden Dänin mit einer enormen Präsenz, die umgehend auf die Motorhaube des Bootes kletterte, sich darauf niederließ und mir bedeutete, es ihr gleichzutun – gerade bis zur Schulter. Wenig später saßen wir, in ein Gespräch vertieft, auf der Spitze des Bootes, vor uns der freie Blick aufs Wasser, während wir den Canal Grande entlangfuhren.

„Woher kennt ihr Giuliano eigentlich?", fragte ich Rosalie, die berichtete, dass Nino sie eines Abends an der Bar angesprochen hatte. Dann senkte sie die Stimme und flüsterte mir zu: „Aber ich werde nicht ganz schlau aus den beiden. Wir waren neulich zum Abendessen bei Nino, da hat er uns ein Buch aus dem 16. Jahrhundert gezeigt. Als ich gefragt habe, woher er das hat, war er ziemlich kurz angebunden. Das habe er vergessen, hat er nur gesagt." Wir steckten die Köpfe zusammen. „Und Giuliano, der ist übrigens Zollbeamter von Beruf. Da kann man sich ja schon ungefähr denken, was diese Freundschaft zusammenhält", lästerte Freja. „Nein, aber mal ernsthaft, die beiden sind sehr nett, aber alleine solltest du so eine Spritztour vielleicht lieber nicht mit denen machen."

In der freien Lagune beschleunigte Nino, der nicht gemerkt zu haben schien, dass wir über ihn sprachen, das Tempo, so dass das Wasser an beiden Seiten des Bootes emporspritzte, während wir unsere Kurven um ein paar unbewohnte Inseln zogen, bis die Sonne endgültig im Meer versank.

„So", sagte Nino, als es vollständig dunkel geworden war, und drosselte das Tempo, bis wir auf dem Wasser zum Stehen kamen. Ich ging davon aus, dass unser Ausflug nun ein Ende finden und wir nach Venedig zurückkehren würden, aber ich hatte mich geirrt, denn nachdem er sich vorgebeugt und in einer Kiste gewühlt hatte, holte Nino ein paar Gläser und eine Flasche Wein hervor, verteilte alles an uns, drehte die Musik auf und startete das Boot zu einer weiteren Runde über die Lagune. Endlos lang, so schien es mir, fuhren wir so durch die Aprilnacht. Gerade als ich sicher war, dass wir uns nun endgültig auf dem offenen Meer befanden, tauchte aus der Dunkelheit eine Insel vor uns auf.

„Wo sind wir?", fragte ich. „Das ist Torcello" erwiderte Nino und steuerte das Ufer an, um das Boot zu vertäuen, bevor er uns nacheinander hinaus half. „Torcello ist einer der ältesten Teile Venedigs. Ungefähr im 10. Jahrhundert war die Insel reicher und bedeutungsvoller als die *Serenissima*. Damals haben hier bis zu 20 000 Einwohner gelebt. Heute sind es nicht viel mehr als zehn." Er lachte. Ich sah mich um. „Ach deshalb ist hier alles dunkel." Langsam folgten wir Nino ins Inselinnere hinein, vorbei an einem stillgelegten Springbrunnen, an dem wir Charlotte und Giuliano zurückließen, die anfingen, in die steinerne Schale hineinzuklettern, um dort in Ruhe ihren Wein auszutrinken. Wenig später erkannte ich die Umrisse einer alten Kirche. „Komm, ich zeig sie euch", flüsterte Nino. „Ist die nicht abgeschlossen?" Ich versuchte mit ihm Schritt zu halten. „Doch. Aber du weißt ja, es gibt immer Mittel und Wege." Er winkte mich heran und nestelte in der Dunkelheit eine Weile an dem Kirchenportal. Dann sprang die Tür auf.

Tim und ich blickten uns an. Einen Moment zögerten wir, dann folgten wir Nino ins Innere der Kirche. „Diese *chiesa* hier gehört zu den ersten Kirchen Venedigs, schaut euch mal diese Mosaiken an", erklärte er leise und leuchtete mit seinem Feuerzeug die Wände ab. „Die sind so ziemlich das Älteste, was man hier in der Gegend finden kann." Im Dämmerlicht konnte ich vier Engel erkennen, die ein bekränztes Medaillon mit dem Lamm Gottes trugen, dann fiel mein Blick auf ein Marmorrelief, auf dem zwei Pfauen Futter aus einer gemeinsamen Schale pickten. Was ich im warmen Flammenschein von den Kunstwerken erkennen konnte, war ohne Frage wunderschön. „Oh, das ist toll!", rief Tim. „Die Pfauen stehen für Erneuerung des Lebens und Wiederauferstehung!" „Los, lass uns gehen, bevor noch wer auf uns aufmerksam wird." Nino, der sich nicht besonders für Tims kunsthistorische Fachkenntnisse zu interessieren schien, mahnte zum Aufbruch. In diesem Moment hörten wir Charlotte, die am Kirchenportal wartete, laut nach uns rufen. „Giuliano hat sich gerade am Brunnen mit einem Bekannten getroffen, der ist da einfach aus der Dunkelheit aufgetaucht. Dann hat er gesagt, er wäre gleich wieder da und ich sollte schon mal nach euch suchen." Nino, der als letzter die Kirche verließ, verschloss wortlos, als hätte er Charlotte nicht gehört, die Tür und bedeutete uns zum Boot zurückzukehren. „Ehrlich gesagt, mir ist das alles etwas unheimlich. Ich glaub, es ist besser, wir machen uns jetzt auf den Heimweg", flüsterte sie uns zu, während wir Nino zurück Richtung Ufer folgten.

Als wir wenig später, eingewickelt in eine Decke, die Nino auf dem Rücksitz liegen hatte, durch die dunkle Nacht Richtung Venedig fuhren und langsam in das Bacino di San Marco einliefen, gab ich es endlich auf darüber nachzugrübeln, wie es Nino gelungen war, die Tür der Basilica Santa Maria Assunta zu öffnen und entschied, dass es nicht von Bedeutung war, auf welche Weise er uns dort Zugang verschafft hatte. Wichtig war nur, dass ich eine aufregende Entdeckung gemacht hatte: Ich war auf meine venezianische Kirche gestoßen.

Mai

... in dem Kriegssirenen heulen, der Markusplatz
unter Wasser steht, mein Herz zu bluten beginnt und
ich tatsächlich langsam in Venedig heimisch werde.

IN VENEDIG kann man dem Hochwasser beim Steigen zusehen. In den Kanälen heben sich dann mit dem Wasserspiegel die Gondeln, bis die Wasseroberfläche in glatter Linie auf die Promenade trifft, so dass man, wäre man Jesus am See von Genezareth, ohne einen Schritt hinuntermachen zu müssen, hinüberlaufen könnte. Die Stadt sieht, vollgelaufen bis zum Rand, noch viel surrealer aus, als es ohnehin schon der Fall ist. Während die Touristen meistens mit offenen Mündern auf die stetig steigende Wasseroberfläche blicken, in der sich ihre eigenen erstaunten Gesichter spiegeln, werden die Venezianer aktiv. Sie wissen, dass es nun nicht mehr lange dauert, bis das Wasser beginnt, aus den Gullydeckeln zu sprudeln, um nach und nach die Stadt unter Wasser zu setzen. Bereits bei dem kleinsten Anzeichen einer Überschwemmung türmt man daher abgewetzte Holzplanken an den Mauern entlang der Gebäude auf, die, wenn das Wasser nicht zurückweicht, zu Stegen zusammengesetzt und in Windeseile aufgebaut werden. Mitunter kommt es sogar vor, dass sich die Piazza San Marco, die zu den am tiefsten gelegenen Punkten der Stadt gehört, nur noch auf diesem Wege überqueren lässt, es sei denn, man ist stolzer Besitzer eines Paares hüfthoher Gummistiefel.

Wie schnell das *acqua alta* Venedig heimsuchen konnte, zeigte sich an einem regnerischen Dienstag im Mai. Bereits die vergangenen Tage hatte es in Strömen geregnet, und als ich morgens versteckt unter meinem Regenschirm Richtung San Zaccaria lief, sah ich, dass das Wasser bereits an der einen oder anderen Stelle über die Ufer trat. Nachdem wir einen ereignislosen Tag an der Uni hinter uns gebracht hatten, nahmen Tim und ich gegen sechs das Boot zurück Richtung Venedig. Wir näherten uns gerade dem Markusplatz, als plötzlich Sirengeheul ertönte. Laut und bedrohlich lag der Lärm über der Stadt. „Was ist denn das für ein Geräusch!" Ich sah Tim beunruhigt an. „Keine Ahnung", er zuckte ratlos die Achseln. „Aber ehrlich gesagt klingt es fast wie Kriegssirenen. Ein wenig, als würde uns ein Luftangriff bevorstehen. Gruselig!" Wie richtig Tim mit seiner Einschätzung lag, sollten wir wenig später erfahren, als uns der Bootsführer darüber aufklärte, dass es sich bei den Sirenen ursprünglich um ein Überbleibsel aus dem Zweiten Weltkrieg handelte. Nachdem der Krieg – bei dem Venedig übrigens erstaunlicherweise fast unbeschädigt blieb – vorüber war, hatten die Venezianer die Sirenen behalten und zu einem Hochwasserwarnsystem umfunktioniert. Nach langer Entwicklungsphase wurde vor einigen Jahren ein neues akustisches Warnsystem freigegeben. An den unterschiedlichen Kombinationen der Sirenentöne können Eingeweihte erkennen, wie hoch das *acqua alta* steigen wird. Obwohl wir also dank des Sirengeheuls darauf gefasst waren, dass in Venedig *acqua alta* auf uns wartete, überraschte uns dennoch der Anblick, der sich uns am Rande der Riva degli Schiavoni bot. Von der Promenade, auf der normalerweise zahlreiche fliegende Händler ihre Waren an die Touristen verkauften, war nichts mehr zu sehen, die Seufzerbrücke, die sie mit dem Vorplatz des Dogenpalastes verbindet, ragte mitten aus dem Wasser hervor und war von der Bootshaltestelle nur über die zusammengekoppelten Stege zu erreichen, auf denen sich die Menschen aneinander vorbeischoben und sich bei dem Versuch, ungewollten Körperkontakt zu vermeiden, mit ihren Regenschirmen verhakten.

Vorsichtig balancierten Tim und ich auf den ausgelegten Holzplanken entlang und arbeiteten uns langsam Richtung Markusplatz vor. Hinter dem Palazzo Ducale bot sich uns ein abenteuerlicher Anblick, denn das Wasser hatte, aus der Lagune über das Ufer schwappend, nicht nur den Vorplatz mit den beiden Säulen überschwemmt, zwischen denen einst die zum Tode Verurteilten hingerichtet wurden, sondern die gesamte *Piazza* unter Wasser gesetzt. Während wir noch staunend und unbeweglich an der Ecke standen, schob sich langsam eines der großen Kreuzfahrtschiffe, die regelmäßig Kurs auf Venedig nehmen, am Markusplatz vorbei. Einen Moment lang sah es aus, denn es war fast unmöglich zu entscheiden, wo die Lagune aufhörte und wo Venedig anfing, als würde der Gigant abbiegen und auf die Piazza San Marco zusteuern, aber das Schiff, das die meisten Gebäude Venedigs bei weitem überragte, nahm Kurs auf das offene Meer. Wir sahen ihm nach, bis seine Lichter in der Dunkelheit verschwanden. Dann liefen wir weiter die Hochwasserstege entlang Richtung Markusturm.

Natürlich waren wir uns darüber im Klaren, wie viele Nachteile das *acqua alta* mit sich brachte, und wir wussten auch, dass die Venezianer gerade damit beschäftigt waren, ihre Erdgeschosswohnungen abzudichten, indem sie eiserne Platten vor die niedrigen Fenster schoben, um so das Wasser daran zu hindern, in die Gebäude einzudringen. Bei *acqua alta* kam das städtische Leben teilweise zum Erliegen, alte Leute konnten das Haus nicht mehr verlassen, und Hunde mussten von ihren Herrchen auf den Armen durch die Stadt getragen werden. Dennoch konnten wir angesichts des Anblicks, der sich uns bot, nicht vermeiden, dass uns eine euphorische Stimmung überfiel. Aufgeregt hakte Tim sich bei mir unter. „Schau dir das an!", sagte er fassungslos, dann sahen wir stumm auf den vor uns liegenden Markusplatz, der sich kniehoch mit Wasser gefüllt hatte. Ältere Damen in Pelzmänteln und Gummistiefeln bahnten sich ihren Weg über die Hochwasserstege. Hier und da trieben ein paar Stühle durch die Gegend. Vor der Basilica di San Marco pinkelten zwei Jungen vom Steg aus um die Wette ins Wasser, während am anderen Ende des Platzes ein Touristenpaar die Schuhe ausgezogen hatte und in den Fluten Walzer tanzte. Sie wurden begleitet von den Klängen des Orchesters, das vor dem *Caffè Florian* auf seinem Podest thronte und in Seelenruhe weiterspielte, während das Wasser sie umspülte.

„Wie auf der Titanic!", rief Tim, während wir vom hölzernen Laufsteg unter die höher liegenden Prokuratien hinabstiegen, wo wir uns auf den trockenen Steinfußboden retteten, um von dort aus ungefährdet das Treiben zu beobachten. „Wie die hier nur alle barfuß im Wasser herumlaufen können, man sieht doch gar nicht, was da alles auf dem Boden liegt", sagte ich zu Tim, obwohl ich eigentlich sehr gut verstand, weshalb so viele der Besucher Schuhe und Strümpfe auszogen, um über den Markusplatz zu waten oder zumindest einen Zeh in das Lagunenwasser zu tauchen. Das *acqua alta* rief nach einem, übte eine starke Anziehungskraft aus, weckte auf unerklärliche Weise das Bedürfnis hineinzusteigen, so dass es durchaus geschehen konnte, dass die Widerstandskraft des einen oder anderen nach einer Weile erlahmte und er sich, ohne recht zu wissen, wie ihm geschah, auf einmal inmitten der Wassermassen wiederfand. Von Weitem kamen Rosalie und Freja auf uns zu. Sie schwenkten grüne Gummistiefel in den Händen. Wenig später standen auch wir, die venezianische Gleichgültigkeit gegenüber dem *acqua alta*, die wir bisher zu imitieren versuchten, über Bord werfend, in der Mitte der Piazza San Marco, während die Musikanten vom *Caffè Florian* versuchten, einander mit ihren Instrumenten zu übertönen.

Der wunderliche Abend versöhnte uns bereits im Vorfeld mit den Unannehmlichkeiten, die das *acqua alta,* das die folgenden Tage über anhielt, für uns mit sich brachte, den nassen Füßen, die wir vergeblich vor dem Wasser zu schützen versuchten, indem wir Plastiktüten über die Schuhe streiften, und manch einer Verabredung, die dem durch die Gassen fließenden Wasser zum Opfer fiel.

Als das *acqua alta* zurückging, schien alles etwas besser zu werden, als ob das Wasser die Reste des Winters endgültig mit sich fortgeschwemmt hätte. Die ersten Frühlingsstrahlen bahnten sich einen Weg durch die Wohnheimfenster und überfluteten die kalten Terrazzofußböden mit warmem Licht, das die Schlichtheit meines Zimmers voll und ganz zu Tage förderte. Die Möbel sahen nun noch schäbiger aus als vorher, in der Wand fiel das Loch, aus dem ständig etwas Putz bröckelte, besonders auf, und auch die Tatsache, dass die Vorhänge schon ziemlich abgenutzt waren, ließ sich kaum noch verbergen.

Der äußere Zustand des Wohnheims spiegelte mein inneres Verhältnis zu diesem Ort wider. Immer wieder hatte ich mich in den letzten Monaten durch die zahlreichen Vorschriften und vor allem durch die Tatsache, dass die Tür um Mitternacht geschlossen wurde, eingeschränkt gefühlt. Auch das Ritual des sich Ab- und Anmeldens, wenn man über das Wochenende die Stadt verließ, widerstrebte mir, und das Leben als eine von zwei Ausländerinnen unter hundert muttersprachigen Studentinnen war bisher alles andere als einfach gewesen. Die anständig erzogenen Italienerinnen, die hier leben, sind so ordentlich, penibel und sauber, dass es schwierig ist, mitzuhalten. Und obwohl ich mein Bestes gab nicht aufzufallen, hatte man mich bereits Anfang Mai mit einem Zettel an der Dusche bedacht. „Was macht der Gardasee auf unserem Badezimmerfußboden?" stand dort in zorniger Schrift geschrieben.

Als ich am Ersten Mai, Charlotte, die mit dem Frühzug für ein verlängertes Wochenende nach Neapel fuhr, ein Buch zum Bahnhof bringen wollte, musste ich feststellen, dass es um diese frühe Uhrzeit, noch dazu an einem Feiertag, unmöglich war, das Wohnheim zu verlassen. Hilflos stand ich vor dem verschlossenen Hintereingang, der sich, was mir bisher noch nie aufgefallen war, genau wie die Haupttür, vor acht Uhr morgens nicht öffnen ließ, und so fuhr Charlotte ohne ihre Reiselektüre davon.

Der erste Mai wird auch in Venedig gefeiert – wenn auch etwas anders als bei uns in Deutschland. Während sich in Berlin die Demonstranten eine Nelke ans Revers stecken oder sich in Kreuzberg mit Steinen bewerfen, ziehen es die Venezianer vor, in ihre Boote zu steigen, für das erste Sonnenbad im Jahr hinaus zum Lido zu fahren und den Tag anschließend mit Freunden bei einem gemeinsamen Abendessen ausklingen zu lassen.

Am Vormittag des ersten Mai brach, nachdem sich endlich die Tür meines Wohnheims geöffnet hatte und ich zu einem Spaziergang Richtung Zattere aufgebrochen war, der Himmel auf und tauchte die Lagunenstadt in ein sonniges Licht. Etwas deprimiert beobachtete ich die zahlreichen Boote, die auf das offene Meer zustrebten. Auch ich hatte eigentlich mit Tim einen Ausflug auf den Lido geplant, inklusive Fahrradtour und Picknick am Strand, aber mein untreuer Gefährte hatte mir im frühen Morgengrauen, kurz nach dem Desaster mit der Wohnheimtür, abgesagt. „Es tut mir leid. Akute Beziehungskrise! Ich muss nach Heidelberg und das wieder einrenken!", hatte Tim mir am Telefon zerknirscht mitgeteilt und war zum Bahnhof gefahren, um seinem Freund einen Überraschungsbesuch abzustatten. Wenig begeistert von dem Gedanken, den ersten Mai allein zu verbringen, rief ich Alessia an. Es klingelte drei Mal, dann hob sie ab. „*Pronto?*" Sie klang noch etwas müde. „Ciao, Alessia, ich bin's. Meine Pläne für den ersten Mai sind ins Wasser gefallen, was machst du denn?"

„Ich bin mit Mattia und Filippo, Freunden von mir, verabredet, um nach Sottomarina zu fahren. Willst du mitkommen?" Erleichtert sagte ich zu und machte mich wenig später auf den Weg, um mich mit den dreien an der Piazzale Roma zu treffen. Als ich das Gebäude der Architekturuni IUAV passierte, kam mir Lorenzo entgegen, der – wie sollte es anders sein – das *Vinus Venezia* geschlossen hatte und auf dem Weg zum Lido war. „Hast du heute Abend schon was vor?", fragte er mich und reichte mir einen bedruckten Flyer. Ich verneinte. „Wir machen eine Party auf einer der verlassenen Inseln in der Lagune. Nino kommt auch, du kannst bestimmt später mit ihm mit dem Boot mitfahren." Merkwürdigerweise wunderte ich mich überhaupt nicht, dass die beiden sich kannten und wohl auch über mich gesprochen hatten, denn ich hatte zwar Nino Lorenzo gegenüber nie erwähnt, aber in Venedig, das hatte ich inzwischen mehrmals erlebt, kannte tatsächlich jeder jeden. Ich versprach Lorenzo mich bei Nino zu melden, dann lief ich zum Treffpunkt, an dem Alessia, Filippo und Mattia bereits auf mich warteten.

Alessia kannte die beiden Brüder schon eine ganze Weile. Mattia, der jüngere, war groß, blond und etwas zurückhaltend, Filippo, der ältere hatte dunkle Locken, war etwas kleiner als Mattia und besaß eine offene, warmherzige Ausstrahlung. Beide Brüder waren von Geburt an taub. Zu meinem Erstaunen folgten sie Alessias Ausführungen aber problemlos, indem sie ihr das, was sie sagte, von den Lippen ablasen. Mattia und Filippo führten ein ganz normales Leben, hatten an der venezianischen Universität studiert und sprachen, obwohl sie nichts hörten, Englisch und Spanisch, die Gebärdensprache hingegen hatten beide nie gelernt.

Wenig später saßen wir im familientauglichen Kleinwagen Richtung Sottomarina. Während Mattia konzentriert auf die Straße blickte, versuchte ich im Gespräch mit Filippo herauszufinden, wo wir genau hinfuhren. Ich hatte keine Ahnung, wo Sottomarina lag, und es dauerte es eine Weile, bis ich verstand, dass Sottomarina kein eigenständiges Städtchen, sondern nur eine benachbarte Halbinsel von Chioggia war, das wiederum einen Seehafen besitzt und sich im Süden von Venedig befindet. Auch Chioggia ist, genau wie die *Serenissima*, auf Holzpfählen in die Lagune gebaut und über eine Steinbrücke mit dem Festland verbunden. „Deswegen sagt man auch Klein-Venedig", klärte Filippo mich auf, während wir die Altstadt passierten, die vom Vena-Canal in zwei Teile geteilt wird. Normalerweise bietet es sich an, Chioggia tagsüber einen Besuch abzustatten, denn dann kann man hinter dem Palazzo Granaio den angeblich größten Fischmarkt Italiens besichtigen. Wir hingegen liefen direkt auf die Strandpromenade von Sottomarina zu, wo wir mit ein paar Freunden der Brüder vor einem Restaurant verabredet waren. „Komm, wir gehen mal kurz ans Meer", sagte Alessia, während die anderen bereits das Lokal betraten, und zog mich Richtung Strand. Wir waren die Einzigen, die am Wasser entlang durch den Sand liefen, denn es war schon spät und zudem immer noch recht kühl.

Im Gegensatz zum venezianischen Lido, der mit dem *Grand Hotel Des Bains* zumindest zur Seeseite hin ein gewisses mondänes Flair ausstrahlt, hatten hier in Sottomarina bereits hässliche Neubauten dem Strand seine Ursprünglichkeit genommen. In einem von ihnen befand sich auch das Restaurant, in dessen Untergeschoss die anderen bereits an einem großen Tisch saßen, als wir von unserem kurzen Spaziergang zurückkehrten. „Wir haben schon bestellt!", rief uns Mattia entgegen und bedeutete mir, mich zwischen ihn und seinen Bruder zu setzen. „Hier", sagte Mattia und schob die Speisekarten zu uns herüber. „Und nehmt lieber keine Muscheln."– „Weswegen nicht?", fragte ich und studierte das Angebot. „Wegen der illegalen Muschelfischer. Statt in der Adria zu fischen, fahren die nachts mit den großen Booten die Lagune ab und gehen direkt vor Venedig auf Fang. Die Muscheln, die man dort findet, sind im Gegensatz zu denen von der Adria ziemlich mit Chemikalien vollgesogen. Die Polizei verfolgt diese Typen, aber in Venedig und vor allem hier in Chioggia hält man zusammen, schon allein, weil irgendwie jeder mit jedem verwandt oder bekannt ist. Da wird niemand verpetzt." Während ich Mattia zuhörte, musste ich, ohne genau sagen zu können weshalb, an Giuliano und Nino denken. Ob sie wohl etwas mit den Muschelfischern zu tun hatten?

Filippo, den unser Gespräch nicht sonderlich zu interessieren schien, überbrückte die Wartezeit, bis das Essen kam, indem er seine Papierserviette in einen filigranen Origami-Frosch verwandelte. „*Rana*", sagte er in der leicht verwaschenen Sprache der Tauben und zeigte auf sein Kunstwerk. Ich begriff, dass *rana* Frosch auf Italienisch heißt. „Der ist für dich", er hielt mir das gefaltete Papier hin und sah mich erwartungsvoll an. Nach dem Dessert, einem *Sgroppino,* ein Glas mit Zitronen-Prosecco-Sorbet, siedelten wir in eine nahgelegene Bar über und bestellten *Fragolino,* einen Wein aus der Region, der aus Trauben mit Erdbeer-Aroma hergestellt wird.

Inzwischen war es schon relativ spät, und es sah nicht so aus, als würden wir es noch zu der Party auf der verlassenen Insel schaffen. Als ich Alessia an die Einladung erinnerte, schüttelte sie nur den Kopf. „Lass uns hier bleiben", sagte sie und fügte zögernd hinzu: „Auf diesen Partys auf den verlassenen Inseln sammeln sich manchmal auch Leute, mit denen man lieber nicht zu viel zu tun haben möchte." Ich versuchte nachzuhaken, aber Alessia wechselte geschickt das Thema. Ich spürte, dass sie wahrscheinlich Recht hatte und wir hier, bei Mattia und Filippo, wesentlich besser aufgehoben waren. Als wir aufbrachen, steckte ich den Papierfrosch, den Filippo mir gefaltet hatte, vorsichtig in meine Tasche. Ich glaube, *rana* ist bis heute das einzige italienische Wort geblieben, von dem ich noch genau weiß, wann ich es gelernt habe.

Es war bereits nach Mitternacht, als wir in Venedig ankamen, wo Mattia und Filippo erst mich, dann Alessia nach Hause begleiteten und sich erst umdrehten um davonzulaufen, als wir die Eingangstür sicher hinter uns geschlossen hatten.

Da das Semester auf San Servolo früher endete als an der staatlichen Universität, hatte die Direktorin der VIU das Fest zum Semesterende bereits Mitte Mai angesetzt. Auf dem Weg zu unserer Abschiedsfeier verpasste ich, obwohl ich den Weg von meinem Wohnheim bis San Zaccaria im Schnellschritt zurücklegte, mein Boot. Ich versuchte die Wartezeit zu überbrücken, indem ich ein wenig spazieren ging. Hinter dem Dogenpalast verlor ich mich im Gewirr der kleinen Gassen. Ich begutachtete ein paar dekorative Fassaden, setzte mich für eine Weile auf die Stufe einer Brücke, betrachtete die Auslagen der Schaufenster und folgte mit den Augen den Venezianern, die auf dem Heimweg von der Arbeit nach Hause eilten und kurz in einer der Bars einen Zwischenstopp einlegten, um einen Aperitif zu sich zu nehmen, bevor sie zu Hause am Küchentisch vor den gefüllten Risottotellern Platz nahmen.

Das Wasser in den Kanälen stand immer noch ziemlich hoch, hier und da waren größere Pfützen zu sehen, die sich auf dem Boden gebildet hatten. Es konnte gut sein, dass es noch einmal steigen und uns erneut jenes *acqua alta* bescheren würde, das Venedig zu Recht zu dem Ruf verholfen hat, eine sinkende Stadt zu sein.

In den letzten hundert Jahren hat sich Venedig unter seiner Last nicht nur über zwölf Zentimeter ins Meer gesenkt, sondern darüber hinaus ist auch noch der Wasserspiegel um zwanzig Zentimeter gestiegen, so dass man vor einigen Jahrzehnten begann, sich Sorgen um die Zukunft der „Durchlauchten" zu machen. Mittlerweile wird fleißig an einem Schleusenprojekt gearbeitet, das aus 78 elektronischen Schranken besteht und das Meer davon abhalten soll, Venedig zu nahe zu kommen. Das *Modulo sperimentale elettromeccanico*, kurz M.O.S.E, ist ein millionenteures Mammutprojekt, dem viele der Venezianer kritisch gegenüberstehen. Wer aufmerksam durch Venedig geht, wird bemerken, dass die jüngeren Schleusen-Gegner ihrem Unmut Luft gemacht und mit Sprühfarben *No M.O.S.E* an die Wände der Stadt gesprüht haben. Am Campo Santo Stefano hat man daher als Präventionsmaßnahme und Besänftigungsversuch gleichermaßen ein Informationszentrum eingerichtet, in dem sich Venezianer und Touristen über die Details und vor allem über die Vorteile des Bauvorhabens aufklären lassen können.

Ich hatte völlig vergessen, auf die Uhr zu sehen, und als ich merkte, dass es Zeit war, zum Bootsanleger zurückzukehren, wurde mir klar, dass ich keine Ahnung mehr hatte, wo ich mich befand. Orientierungslos bewegte ich mich durch die *calle*, bog um unzählige Ecken, passierte zahlreiche Brücken, und obwohl ich mir sicher war, die richtige Richtung eingeschlagen zu haben, stand ich zwanzig Minuten später am Ende einer engen Sackgasse. Wieso nur konnte ich mich in dieser Stadt nach vier Monaten immer noch verlaufen? Ich sah mich um. Links von mir befand sich ein antiquarischer Buchladen. Im Halbdunkel des Raumes erkannte ich jenen Mann, der mir bereits an meinem ersten

Tag in der Stadt aufgefallen war und von dem ich dachte, ihn auch auf der Faschingsparty auf dem Biennale-Gelände gesehen zu haben. Konzentriert wühlte er in einer Kiste mit reduzierter Ware, hob ab und an eines der Exemplare heraus, schüttelte den Lockenkopf, legte es zurück, nur um kurz darauf nach einem neuen Buch zu greifen. Einen Moment lang überlegte ich, hineinzugehen und ihn nach dem Weg zu fragen, entschied mich dann aber dagegen. Stattdessen wanderte ich noch eine Viertelstunde ziellos durch die Stadt, bis ich endlich auf eines der gelben Wegweiserschilder stieß, die mit der Aufschrift „San Marco" versehen waren und einen früher oder später unweigerlich zurück auf den richtigen Weg führten. Zwei Stunden später als geplant saß ich endlich in der Linie 20 Richtung San Servolo.

Als ich in dem Aufenthaltsraum anlangte, in dem unser Abschiedsfest stattfand, stellte ich fest, dass ein Großteil der Anwesenden genau genommen eigentlich nicht eingeladen war. Aber in Venedig sprach es sich, sofern man zu denen gehörte, die in der Stadt in irgendeine Form von Gemeinschaft integriert sind, eben sofort herum, wenn irgendwo ein Fest stattfand. Ein reguläres Nachtclub-Leben fehlte der Stadt hingegen fast vollständig. In den zwei, drei Diskotheken, die sich direkt in Venedig befanden, wurde fragwürdige Musik gespielt, was kein großer Verlust war, denn das Leben in Venedig spielte sich ohnehin vor allem im Freien auf den zahlreichen *campi* ab. Ein Grund, weshalb die Italiener auch kaum Probleme haben, das Rauchverbot in Lokalen einzuhalten. Sie sind es gewohnt, auch bei etwas kühleren Temperaturen im Freien zu stehen.

Nach bekannten Gesichtern Ausschau haltend griff ich nach einem Teller, belud ihn am Buffet mit *antipasti* und tauchte ab in die dichte, aus vielen Sprachen bestehende Geräuschkulisse, die den Raum füllte. Offensichtlich fanden gerade parallel Diskussionen über das israelische Militär, die japanischen Wohnverhältnisse und das miserable italienische Wetter statt, in die ich mich nun nach und nach einklinkte.

Mit der Zeit wurde die Stimmung ausgelassener. Schon bald hatte die herumstehende Menge den Raum in eine Tanzfläche verwandelt. Eine der Spanierinnen aus meinem Palladio-Seminar, die eine Art wilden Improvisationstanz betrieb, kippte gegen den Fernseher, der vorsichtshalber in die Ecke geschoben worden war, was allerdings nicht viel half, denn während Ariel und Moshe, die ebenfalls mit uns studierten, die Tänzerin gerade noch festhalten konnten, fiel das TV-Gerät mit großem Geschepper zu Boden. Die Umstehenden lachten laut. Niemand schien sich für den Schaden zuständig zu fühlen. Neben mir öffnete eine Kanadierin namens Emma so ungeschickt eine Rotweinflasche, dass ein Großteil davon über meine weiße Bluse schwappte. Schnell lief ich Richtung Waschraum, wo ich notdürftig und vor allem vergeblich versuchte, den Fleck zu entfernen. Im Gebäude war es warm und stickig. Da mir die Lust vergangen war, auf die Tanzfläche zurückzukehren, beschloss ich, ein wenig an die frische Luft zu gehen. Draußen setzte ich mich auf die Stufen vor dem Hauptgebäude, von wo aus ich eine Weile auf die ruhige Lagune blickte. Wenn man sich den im Mondschein unbeweglich daliegenden Wasserspiegel ansah, auf dem um diese Uhrzeit kaum noch Boote unterwegs waren, konnte man kaum glauben, welche Betriebsamkeit hier tagsüber herrschte.

Aus dem Inneren des Gebäudes drangen dumpfe Bässe zu mir herüber. „Ach, hier bist du! Ich habe dich schon überall gesucht." Tim ließ sich neben mir auf die Stufen fallen. „War das Emma?", fragte er. Ich zeigte auf den roten Fleck, der sich genau in Höhe meines Herzens auf dem Stoff ausbreitete, und nickte. „Was für ein Tollpatsch!" Er schüttelte den Kopf. „Du bist übrigens nicht die Einzige, die etwas abbekommen hat. Ian hat sie mit dem Korken das ganze Brillenglas ausgeschlagen." Er schüttelte pikiert den Kopf. „Der Arme, der kann jetzt die ganze Nacht halbblind durch die Gegend laufen."

„Weißt du was?", ich stand auf. „Das nächste Boot kommt gleich, lass uns zurück nach Venedig fahren." Tim schien nichts dagegen zu haben, denn er erhob sich widerspruchslos und folgte mir zum Anleger. Offenbar waren wir nicht die Einzigen, die diese Idee hatten, denn kurz nach uns, als sich das nächste Boot San Servolo näherte, stürmte ein Großteil der Partygäste Richtung Anlegestelle. Wie zu erwarten brach auf dem kurzen Steg ein mittlerer Tumult aus, als das *vaporetto* festmachte. Es wurde geschubst und gedrängelt, denn keinen Platz mehr auf dem Boot zu ergattern bedeutete, eine volle Stunde länger auf dem Uni-Gelände verbringen zu müssen. Tatsächlich blieb auch dieses Mal eine Handvoll zaghafter Seelen, die in dem wilden Gerangel nicht durchsetzungsfähig genug waren, auf San Servolo zurück, wo sie die Ankunft des nächsten *vaporetto* abwarteten, während unser Boot gefährlich überladen und wesentlich langsamer als sonst auf den Wellen Richtung Markusplatz schwankte.

Juni

... in dem ich die Bekanntschaft von Gaddafi, der Prome-
nadenmischung, mache, die Juwelen des Maharadschas
von Jaipur bewundere und mich eine Bootstour zum
Biennale-Gelände bringt, wo ich die wichtigste Kunst-
messe der Welt durch die Hintertür erforsche.

DER JUNI BEGANN FÜR MICH mit einem Umzug auf den Lido. Mein Mietvertrag im Wohnheim lief aus, und ich hatte nicht vor, ihn ein weiteres Mal zu verlängern. Mittlerweile war der Sommer in Venedig angekommen, und vor dem Hintergrund der leuchtenden Farben, die nun überall zum Vorschein kamen, und des warmen Lichtes, das mich umgab, sobald ich die Haustür verließ, schien mir mein Wohnheim zunehmend unerträglicher zu werden. Bereits im Mai hatte ich daher begonnen, mich nach einer neuen Bleibe umzusehen. Nun, Anfang Juni, fing ich an, mir Gedanken zu machen, denn die Wohnungssuche gestaltete sich schwierig, und ich befürchtete, schon bald auf der Straße zu stehen.

Ich hatte zu diesem Zeitpunkt noch nicht gelernt, mich darauf zu verlassen, dass das Leben in Venedig nach einem bestimmten, verlässlichen Muster funktionierte. Die meisten Angelegenheiten entpuppen sich hier als kompliziert, und Lösungen sind in der Regel immer mit viel Kompromissen und einem hohen Aufwand an Kreativität verbunden. Aber in neunundneunzig Prozent der Fälle kann man sicher sein, dass sich am Ende, wenn die Situation bereits ausweglos scheint, doch noch alles in Wohlgefallen auflöst. Da ich dieses ungeschriebene, in Venedig gültige Gesetz aber noch nicht kannte, wurde ich zumindest so lange etwas unruhig, bis Freja mir von einem freien Einzelzimmer auf dem Lido erzählte.

„Unser alter Mitbewohner ist gerade Hals über Kopf ausgezogen", erklärte Freja mir am Telefon. „Aber bevor der Vermieter einfach an einen Fremden vermietet, hätten wir natürlich lieber dass du hier wohnst. Er hat das Zimmer zwar schon halb jemand anderem versprochen, aber vielleicht lässt sich da ja doch noch was machen."

„Das wäre großartig!" In Gedanken sah ich mich schon den Sommer am Strand verbringen. Lido, das klang in meinen Ohren nach Thomas Mann, nach Visconti, nach den Filmfestspielen, bei denen hier jedes Jahr der Goldene Löwe vergeben wurde. „Wenn es klappt, das musst du wissen, ist aber keine Zeit mehr, das Zimmer anzusehen, zumal morgen Feiertag ist und Rosalie und ich gerade in Florenz sind."

„Freja, ich kann doch kein Zimmer nehmen, ohne zumindest Fotos gesehen zu haben!" Hoffnungslos in meinen deutschen Denkstrukturen verhaftet, konnte ich mir einfach nicht vorstellen, dass man hier, es sei denn man legte viel Geld auf den Tisch, so wenig Mitspracherecht bei der Wahl seiner eigenen Wohnung hatte. Dabei hätten mich allein die Existenz der unzähligen *camere doppie* und die Erlebnisse, die ich im Wohnheim machte, eines Besseren belehren müssen. „Vertrau uns einfach, dir bleibt doch eh nichts anderes übrig", versuchte Freja mich zu überzeugen. „Außerdem, wenn du es nicht nimmst, quartiert der Vermieter einfach jemanden bei uns ein, den wir noch nie gesehen haben. Das willst du uns doch nicht antun!"

Ich willigte ein, zumal das Zimmer für die hiesigen Verhältnisse fast schon preisgünstig war. Für die Hälfte einer heruntergekommenen *camera doppia* konnte man in Venedig durchaus so viel zahlen wie in Berlin für ein kleines frisch saniertes Einzimmerapartment im Herzen des Prenzlauer Berges. Die Wohn- und Mietkultur Venedigs sah außerdem vor, dass der Mieter keine, der *noleggiatore*, der Vermieter, alle Rechte hatte, und so war es keine Seltenheit, dass man nach Hause kam und in der Küche Menschen vorfand, die man noch nie zuvor in seinem Leben gesehen hatte, die einem höchst unsympathisch waren und mit denen man von nun an das seit den 1960er Jahren nicht mehr renovierte Badezimmer teilen musste.

Letztendlich sagte ich zu, denn ich hatte genaugenommen eigentlich keine Wahl, und Freja schaffte es tatsächlich, mich als neue Mitbewohnerin durchzusetzen. Da sie länger in Florenz blieb, vereinbarte sie für mich einen Termin mit ihrem Vermieter, der mich am nächsten Tag am Lido abholen und mir das Apartment zeigen sollte. Am 2. Juni, dem nationalen Feiertag, sagte ich meinem katholischen Mädchenwohnheim daher mit leichtem Herzen ein für alle Mal *Arrivederci* und machte mich schwer bepackt auf den Weg zum Lido.

Ein Wohnungswechsel in Venedig artet stets zu einem Großprojekt aus. Während bei uns ein Möbelwagen gemietet, die Sachen ein- und wieder ausgeladen werden und kleinere Umzüge sich innerhalb von ein paar Stunden bewältigen lassen, gestaltet sich hier die Übersiedlung von einem Haus zum anderen aufgrund der topographischen Gegebenheiten der Stadt etwas schwieriger. Um Möbel zu transportieren, braucht man in Venedig nicht nur ein Boot, denn schließlich lassen sich Waschmaschinen, Küchenanrichten und Ehebetten kaum über die zahlreichen Treppen und Brücken der Stadt tragen, sondern oftmals sogar einen Kran, der, auf einem Boot befestigt, größere Möbelstücke, die in den engen, unverputzten Treppenhäusern stecken bleiben könnten, durch die Fenster hinaus- und wieder hineinhebt. Der Venezianer an sich vermeidet es daher, wenn möglich, umzuziehen, Apartments werden in der Regel möbliert vermietet. Das erspart zwar einen großen Logistik- und Kräfteaufwand, hat aber zur Folge, dass eine Vielzahl der Bewohner – allen voran die Studenten – in ihren eigenen vier Wänden von Möbeln umgeben sind, die sie höchstens aus den Katalogseiten vom Wegsehen kennen. Selbst für mich, die ich glücklicherweise keine Möbel zu transportieren hatte, gestaltete sich der Umzug ziemlich umständlich, denn da mir kein Boot zur Verfügung stand, würde ich mit den öffentlichen *vaporetti* mehrmals hin- und herfahren müssen.

Mühselig transportierte ich meine Taschen zum Bootsanleger San Tomà. Dann stand ich samt Gepäck eingezwängt zwischen einer holländischen Touristengruppe, die zum Markusplatz wollte, auf dem *vaporetto*, bis ich meine Koffer und Taschen eine geschlagene Stunde später am Lido an Land brachte. Schon auf dem Wasser hatte ich ausgerechnet, wie oft ich ungefähr noch hin- und herfahren musste. Das konnte ja heiter werden.

Gerade als ich die Koffer abstellte, rief mein neuer Vermieter an. „Signorina, ich warte direkt gegenüber der Bootshaltestelle. Ich trage grüne Hosen und einen grauen Pullover." In der Menge, die mir entgegenkommend Richtung Anleger strömte, entdeckte ich einen älteren, grauhaarigen Mann, der mir zuwinkte. Wir begrüßten uns freundlich, dann griff er nach einer meiner Taschen. Parallel zur Strandpromenade liefen wir an einem ruhigen Kanal, dessen Wasser im Sonnenschein glitzerte, die Via Lepanto entlang. „So, dann leben Sie jetzt also den Sommer über auf dem Lido! Wie eine echte Venezianerin! Sie wissen, dass viele Venezianer für die Sommermonate eine Zweitwohnung auf dem Lido haben, nicht wahr?" Er lachte und zeigte eine Reihe blankgeputzter dritter Zähne. Zu meiner Überraschung sprach Signor Barnabò fließend Deutsch, er hatte, wie er mir erklärte, vor dreißig Jahren eine Zeitlang beruflich in Nürnberg gearbeitet. Venedig unterscheidet sich, was die Fremd-sprachenkenntnisse seiner Bewohner betrifft, von vielen an-deren italienischen Städten. Da ein Großteil der Bewohner vom Tourismus lebt, sprechen vor allem die Jüngeren unter ihnen recht gut Englisch. Zudem trifft man relativ häufig auf Italiener, die auch noch Deutsch sprechen, was nicht zu-letzt daran liegt, dass viele deutsche Touristen nach Venedig kommen und nicht wenige Italiener Deutsch bereits in der Schule gelernt haben. Man könnte zudem sagen, dass Deut-sche und Italiener seit vielen Jahrzehnten ein ganz beson-deres, aber durchaus ambivalentes Verhältnis verbindet, das sich überspitzt ausgedrückt mit einem geflügelten Wort charakterisieren lässt, in dem wie in den meisten Dingen auch ein Körnchen Wahrheit enthalten ist. „Die Italiener achten die Deutschen, aber lieben sie nicht, die Deutschen lieben die Italiener, aber achten sie nicht."

Als wir an dem grauen Neubau ankamen, indem ich von nun an leben sollte, glänzte Signor Barnabòs Stirn, und er wirkte verdächtig kurzatmig. Hoffentlich bekommt er kei-nen Herzinfarkt, dachte ich, während ich ihn besorgt von der Seite anblickte. Mir war natürlich aufgefallen, dass mei-ne Tasche etwas schwer für ihn war, aber als ich ihn fragte, ob ich sie ihm wieder abnehmen sollte, hatte er energisch verneint.

Im dritten Stock des Hauses angelangt öffnete Signor Barnabò eine der hölzernen Türen und führte mich in ei-nen langen dunklen Flur. Schnell zeigte er mir die einzel-nen Zimmer, wies mich darauf hin, dass wegen des Windes, der vom Meer aus über die Lagune wehte, erhöhte Fenster-bruchgefahr bestand, sagte, alles Weitere würden mir Freja und Rosalie erklären, und verabschiedete sich höflich. „Ich habe leider nicht länger Zeit, wir lernen heute die Eltern des Verlobten unserer Tochter kennen. Sie heiratet im Juli in einer kleinen Seitenkapelle von San Marco." Ich beglückwünschte ihn, während ich ihn zur Tür begleitete, dann blieb ich allein und etwas ratlos in der abgedunkelten Wohnung zurück, in der die Mädchen, wie bei den Italienern üblich, vor ihrer Abfahrt vor sämtlichen Fenstern die Jalousien heruntergelassen hatten, um zu verhindern, dass die Räume sich unnötig erwärmten. Das Wohnzimmer war mit venezianischem Terrazzofußboden ausgelegt. Auf dem ungeputzten Balkon standen ein paar vertrocknete Geranientöpfe. Offensichtlich hatten weder Rosalie noch Freja einen grünen Daumen. Ich sah über die Brüstung hinunter auf das Wasser des Kanals, an dessen Ufer ein türkisfarbenes Holzboot ankerte. Als ich mich gerade auf einen der Balkonstühle setzen wollte, klingelte es an der Tür. Ich öffnete. Vor mir stand ein schlacksiger, blonder Mann. Er trug einen Anzug, an dessen Hosenbeinen eine etwas komisch aussehende Promenadenmischung bellend auf- und absprang. „Ist Freja da?", fragte er. „Nein, tut mir leid, die ist in Florenz und erst übermorgen zurück." Er musterte mich. „Wohnst du jetzt hier?" „Ja, ich bin gerade eingezogen. *Piacere.*" Ich streckte ihm die Hand entgegen. „John, angenehm, ich wohne mit meinem Mitbewohner Alessandro direkt nebenan." Er wies mit dem Daumen hinter sich, dann zeigte er hinunter zu dem Hund, der gerade begann, an seinen Schuhsohlen zu kauen. „Das ist Gaddafi." John musste Amerikaner sein, denn in seiner Aussprache war immer noch etwas von der kaugummiartigen Dehnung zu hören, durch die sich Touristen aus den USA stets sofort verraten, wenn sie Italienisch sprechen. Statt meine Hand zu nehmen, musterte er mich erneut von oben bis unten. „Ich wollte Freja eigentlich mit auf eine Veranstaltung nehmen. Aber dann hat sie eben Pech gehabt." Er kratzte sich unschlüssig am Kopf. „Was machst du denn jetzt? Willst du nicht an Frejas Stelle mitkommen?"

Ich lehnte mich gegen den Türrahmen. Eigentlich hatte ich vorgehabt, in Ruhe alle meine Sachen auf den Lido zu transportieren, und deshalb bereits Tim abgesagt, der mit mir nach *Padova* fahren wollte. „Ich habe tatsächlich nichts Besonderes vor, ich komme also gern mit, wohin auch immer", hörte ich mich dennoch zu meiner eigenen Verwunderung sagen.

„Das passt doch gut, Alessandro und ich sind zu einer Juwelenausstellung eingeladen, die sein Onkel im Haus von Alessandros Großmutter organisiert hat. Zieh dir was Hübsches an, du hast eine Viertelstunde. Wir warten unten auf dich." Ohne eine Antwort abzuwarten, drehte er sich um und lief die Treppen hinunter. Gaddafi sah sich etwas verwirrt nach mir um, so als wollte er mich fragen: „Kommst du nicht mit?" Dann hüpfte er hinterher, darum bemüht, auf den glatten Treppenhausstufen nicht auszurutschen. Ich schloss die Wohnungstür und kehrte in mein Zimmer zurück.

Eine Einladung zu einer Juwelenausstellung? Was sollte ich nur anziehen? Nach einigem Hin und Her entschied ich mich für ein grünes Sommerkleid und hochhackige Schuhe, band mir die Haare zusammen und fuhr mir mit dem Waschlappen einmal durch das Gesicht. Als ich die Wohnung verließ, warteten meine Nachbarn schon ungeduldig auf der Straße auf mich. „Da bist du ja endlich!", sagte John, noch bevor er mich Alessandro vorstellte. „Jetzt müssen wir uns beeilen." Gaddafi sprang an mir hoch. Er tat so, als hätte er mich Jahre nicht gesehen, und hinterließ mit seinen kleinen Pfoten Spuren auf dem Stoff meines Kleides. Na bravo, dachte ich, schaffte es aber nicht, ihm böse zu sein.

Zwei Stunden später erreichten wir das Anwesen von Alessandros Familie, das sich auf einem Hügel über die venetische Landschaft erhob. Alessandros Großmutter lebte hier, zwischen Venedig und Verona, in einer jener für die Region typischen Villen im palladianischen Stil. Sie stammte aus einer alten italienischen Adelsfamilie, deren Angehörige einem ab und an auf Porträts in Museen oder als Stifter einer Seitenkapelle in den Kirchen Italiens begegnen und zu deren Mitgliedern einst hohe Würdenträger zählten. Alessandro allerdings schien angenehm unprätentiös. Er war Künstler, da er aber von seiner Arbeit nicht leben konnte und nicht ausschließlich auf das Geld seiner Familie angewiesen sein wollte, arbeitete er wie viele *artisti* jedes Jahr auf der Biennale. John hingegen hatte nach seinem Architekturstudium Glück gehabt und eine Stelle an der Uni gefunden, wo er als wissenschaftlicher Mitarbeiter einem Professor assistierte, der als Koryphäe auf seinem Gebiet galt.

Wir parkten den Wagen und stiegen den schmalen Weg hinauf bis zu einem großen Tor. Alessandro klingelte. Auf der anderen Seite der Mauer blieb es still, dann erklang Gebell, das kurz darauf wieder verstummte. Wenig später öffneten sich die Pforten. Ein Junge, der höchstens achtzehn Jahre alt war, bedeutete uns einzutreten. „Das ist Marco, der Gärtner", erklärte John, während Alessandro ihn begrüßte. „Tut mir leid, dass es einen Moment gedauert hat, ich musste erst die Hunde wegsperren", er ließ uns ein.

Der Palazzo von Alessandros Großmutter war lichtdurchflutet, die Räume im Erdgeschoss durch breite Flügeltüren unterteilt, durch die man die Wein trinkenden Gäste in den einzelnen Räumen auf- und abgehen sah. Die Tür zum Garten, in dessen hinterem Teil ein paar Volieren zu erkennen waren, stand offen. In einer von ihnen saß ein weißer Pfau. Auf dem Rasen hatten bedienstete Geister ein Zelt aufgebaut, unter dessen Dach das Buffet angerichtet war. Teelichter und Fackeln begrenzten die Wege. Alessandros Onkel, der schlank und dunkelhaarig eigentlich eher wie ein englischer Dandy als ein italienischer Graf wirkte, nickte uns zu, als wir eintraten. Gerade erklärte er einer älteren Dame deren Gesichtshaut sich unnatürlich straff über den Wangenknochen spannte, die Idee hinter seinem Ausstellungskonzept. Ohne sein Gespräch zu unterbrechen bedeutete er einem Dienstmädchen, das tatsächlich ein schwarzes Kleid mit weißem Schürzchen trug, uns die Jacken abzunehmen. Langsam durchquerten wir das Erdgeschoss der Villa, vorbei an beleuchteten Vitrinen, in denen hinter dicken Glasscheiben die Juwelen des Maharadscha von Jaipur ausgestellt waren, einem korpulenten älteren Mann, der den Abend über fast regungslos in einer Ecke stand und kaum ein Wort sprach. Die Edelsteine aus seinem Besitz waren von einer ungewöhnlichen Größe und mit Sicherheit von immensem Wert. Als wir gingen entdeckte ich, dass er sich um die Sicherheit seines Schmuck keine Sorgen zu machen schien, denn er hatte sich, erschöpft von dem ganzen Trubel, in der Bibliothek von Alessandros Großmutter niedergelassen, ein quadratischer Raum, der sich im Zentrum der Villa befand und von allen vier Seiten aus begehbar war. Dort saß er, zwischen den bis unter die Decke gefüllten Bücherregalen, in einem Sessel und hielt ein Nickerchen.

„So eine Bibliothek hätte ich auch gern", sagte ich später auf der Rückfahrt im Auto, während sich Gaddafi auf meinem Schoß zusammenrollte, schläfrig zu John und Alessandro, immer noch etwas ungläubig über den ungewöhnlichen Ausflug ins Veneto, zu dem ich, an der Seite von praktisch fremden Menschen, so unverhofft gekommen war.

An einem der letzten Junitage, es war warm und sonnig, traf ich mich mit Freja und Rosalie im *Vinus Venezia* um einen Aperitif zu trinken. Rosalie, die gerade von einem Fotokurs kam, hatte ihre Kamera dabei. Schon bald fing sie an, Bilder von uns zu schießen. „Ich will auch ein Foto mit euch!" Lorenzo kam hinter seinem Tresen hervor. Er wirkte zwergenhaft neben Freja. „Halt!", rief er, als Rosalie die Kamera einem Stammgast gab. „Ich muss erst auf einen Stuhl klettern, ich will wenigstens einmal auf einem Bild der Größte sein."

Als wir wenig später weiter Richtung *Caffè Noir* zogen, stießen wir auf Giuliano, den ich seit unserer nächtlichen Bootsfahrt nach Torcello nicht mehr gesehen hatte. „*Ragazze*, kommt und setzt euch zu mir." Er winkte uns an seinen Tisch. „Ich will gleich zu Nino. Er feiert heute seinen Geburtstag, wollt ihr mit?"

Wenig später fanden wir uns in einer Wohnung wieder, die wie so viele Apartments gut situierter Venezianer mit alten Antiquitäten überladen war. Nino begrüßte uns überschwänglich, als wir den *salotto* betraten, während uns über seine Schulter mehrere Augenpaare eisig anblickten. Sie gehörten zu drei Venezianerinnen, von denen eine sich als Ninos Freundin entpuppte. Bis wir das herausgefunden hatten, war allerdings eine Weile vergangen, da die drei sich offensichtlich vorgenommen hatten, nicht mit uns zu sprechen. Wir fühlten uns unwohl in unserer Haut. Hatten wir etwas falsch gemacht?

Es war nicht einfach für uns zu verstehen, dass die abweisende Art der Mädchen sich nicht gegen uns persönlich richtete, sondern darauf beruhte, dass Venezianerinnen Ausländerinnen oftmals als Bedrohung empfinden. Für ihre Abneigung den Touristinnen gegenüber gibt es verschiedene Gründe. Einer davon ist natürlich, dass die Venezianer die Touristen generell nicht mögen. Der andere, dass die echten Venezianerinnen zumeist sehr behütet aufwachsen. Sie wohnen oft bis zu ihrer Hochzeit zu Hause, was es ihnen erschwert, ungestört Zeit mit ihren Freunden zu verbringen. Die nach Abwechslung hungernden jungen, wohlhabenden Venezianer hingegen, die jede Ecke der Stadt in- und auswendig kennen und sich früher oder später zu langweilen beginnen, sind ständig auf der Pirsch nach einem Abenteuer. Amerikanerinnen, Schwedinnen und Deutsche auf der Suche nach einem romantischen Urlaubsflirt – am besten mit einem italienischen Gondoliere – sind zudem leichte Beute. Vor allem Amerikanerinnen, die oft in Grüppchen laut und betrunken in kurzen Röcken durch die Stadt ziehen, haben einen schlechten Ruf bei den Venezianern, die ihnen dennoch nachstellen, während ihre Verlobten, so hörte man zumindest, unberührt in den hohen Sälen der Palazzi herumsitzen. Ohne es zu wissen, hatte Ninos *fidanzata* also – zwar nicht, was uns im Speziellen betraf, aber immerhin im Allgemeinen – nicht ganz Unrecht mit ihrer Abneigung, denn es dauerte nur wenige Minuten, bis Nino mir im Flur im Brustton der Überzeugung erklärte: „Meine Freundin und ich, wir führen eine offene Beziehung. Sie weiß nur nichts davon." Er warf mir einen zweideutigen Blick zu. Glücklicherweise wurde ich in diesem Moment von Freja und Rosalie, die zum Aufbruch riefen, aus meiner misslichen Lage befreit.

Als wir auf dem Lido ankamen, wurde es langsam hell. Es war acht Uhr, und keine von uns dreien war auch nur ein bisschen müde. Freja entschied sich daher, für uns ein, wie sie es nannte, anständiges Frühstück zuzubereiten. „Ich habe genug von den ewigen Keksen!", rief sie und schlug energisch ein Ei in die Pfanne. „Und jetzt? Was machen wir jetzt?", fragte sie hellwach, nachdem wir unsere Teller geleert hatten. Rosalie sah auf die Uhr. „Also, ich kann mich eh nicht mehr schlafen legen. Ich bin gleich mit John und Alessandro für eine Bootstour verabredet. Wenn ihr mögt, kommt doch mit!"

Alessandro hatte den Liegeplatz für sein Boot nicht auf dem Lido, sondern in einer Werft in Castello gemietet. Nachdem wir durch eine große Halle gelaufen waren, in der zahlreiche Boote darauf warteten, zu Wasser gelassen zu werden, standen wir vor seiner blauweißen *barca*. Zu fünft zogen wir sein Boot auf einem fahrbaren Untersatz Richtung Ausgang und senkten es vorsichtig ins Wasser. Dann stiegen wir einer nach dem anderen hinein und bogen außerhalb von Venedig, dort, wo die Lagune auf der einen Seite an die Fondamenta Nuove und an der anderen an die Isola di San Michele grenzt, in die Fahrrinne ein, die durch die Lagune führt. San Michele ist die Friedhofsinsel der Stadt und mit Sicherheit der charmanteste Friedhof der Welt. Wenn man schon irgendwo begraben liegen muss, dachte ich, während ich von Weitem auf die grünen Baumwipfel des *cimitero* blickte, dann auf jeden Fall hier, auch wenn der urige, alte Teil des Friedhofes mit seinen verwunschenen Gräbern mittlerweile wegen Überfüllung geschlossen ist und die Toten nun in modernen überirdischen Urnengräbern beerdigt werden.

Wer ein Faible dafür hat, über alte Friedhöfe zu spazieren und sich Geschichten zu den Menschen auszudenken, die dort unter der Erde liegen, der wird sich auf San Michele eine ganze Weile aufhalten. Die Italiener versehen nämlich, anders als wir Deutschen, ihre Gräber mit Fotos der Toten. An jeder der marmornen *tombe*, wie die Grabstätten auf Italienisch heißen, ist ein Bild des Verstorbenen angebracht, so dass Besucher genau wissen, wer hier seine letzte Ruhe gefunden hat. Auf dem ursprünglichen, wild bewachsenen Teil des Friedhofs fehlen solche Fotografien, hier kann man seiner Fantasie freien Lauf lassen. Wie sahen die Toten wohl aus, die hier beerdigt wurden? Wer war jener Fußballer, der auf seinem Grabstein sämtliche Vereine einmeißeln ließ, für die er gespielt hat? Wer hat an Joseph Brodskys Grab einen Briefkasten angebracht, in dem man dem toten Schriftsteller Post hinterlassen kann? Nachdem wir San Michele hinter uns gelassen und Venedig einmal am äußersten Zipfel umschifft hatten, stoppte Alessandro das Boot, um es an einer freien Anlegestelle zu vertäuen. „Was hast du vor?", fragte Freja.

„Seid ihr schon mal auf dem Biennale-Gelände gewesen?

Er sprang auf das Ufer. „Ich dachte mir, wir machen einen kleinen Spaziergang entlang der Pavillons." In der Tat hatte ich das Gelände noch nie bei Tageslicht gesehen. Zwar erinnerte ich mich noch gut an den italienischen *padiglione*, in dem an Karneval die Partys stattgefunden hatten, die anderen Gebäude waren damals in der Dunkelheit allerdings nur schemenhaft erkennbar gewesen. Der Park, den wir nun über eine Brücke auf der Rückseite des Geländes betraten, neben der ein brauner Plastiksessel vor sich hingammelte, sah um diese Uhrzeit völlig anders aus, als ich ihn in Erinnerung hatte. In unmittelbarer Nähe von uns steckte ein alter, schäbiger Holzstuhl im Gebüsch fest, und kurz vor dem russischen Pavillon hatte jemand ein paar rote Turnschuhe neben einer Baumwurzel zurückgelassen. Die Tür in der Rückseite des Gebäudes stand offen, obwohl weit und breit kein Mensch zu sehen war. Zwischen den hochgewachsenen Bäumen und Pflanzen, um die sich kein Gärtner zu kümmern schien und die die einst wohl gepflegten Giardini in einen Urwald verwandelt hatten, entdeckte ich mit Moos bewachsene Skulpturen.

Die Luft fühlte sich kühl an im Schatten, wie sonst nur im benachbarten Park von Sant' Elena, eine der wenigen öffentlichen Grünflächen der Stadt. Venedig scheint, das muss man wissen, dennoch nur auf den ersten Blick als eine Stadt ohne nennenswerte Vegetation. In Wirklichkeit existieren in vielen Gassen hinter den hohen Mauern und verschlossenen Toren üppig blühende Gärten, die ihre Besitzer sorgsam vor den touristischen Besuchern verbergen. Die Giardini, die wir nun betraten, sind hingegen, wie Sant' Elena für die Öffentlichkeit zugänglich, umso verwunderlicher, dass man außerhalb der Biennale hier nur selten Spaziergängern begegnet.

Wir bahnten uns einen Weg zwischen wild wuchernden Palmen hindurch, deren Stämme ein Eigenleben entwickelten. Die Pavillons wirkten verlassen, an den Türen hingen noch Aufkleber mit dem Motto der vergangenen Ausstellung, der Rasen war von Müll übersät. Ein alter Pappaufsteller der letzten Biennale stand einsam am Wegrand. Auf dem Flachdach des Schweizer Pavillons hatte jemand aufeinandergehäufte Müllberge gelagert. Bei den Russen stapelten sich einige Farbeimer, Baugerüste und blaue Plastikplanen vor der Tür. An die helle Holzwand des kanadischen Pavillons hatte ein Eindringling mit schwarzer Farbe geschrieben: „Looking through the eyes of a dead curator", und um die hohen ionischen Säulen des französischen Gebäudes spannte sich ein orangefarbenes Band, das ungebetene Gäste fernhalten sollte. „Es ist wirklich erstaunlich, wie sehr sie das Areal verfallen lassen. Zwischen zwei Biennalen ist das hier der reinste Müllplatz!" Alessandro schaute angewidert. „Das einzig Positive daran ist, dass nach jedem Ausstellungsende viel aus den Pavillons hier im Gebüsch entsorgt wird, weil der Transport mehr kosten würde als die Anschaffung der Sachen selbst. Ich habe hier schon einige interessante Gegenstände gefunden, sogar einmal zwei schöne Stühle, die stehen jetzt bei uns im Wohnzimmer." Sorgsam durchkämmte er ein Waldstück, während wir uns dem monumentalen Gebäude der Deutschen näherten. Als ich versuchte, durch eine der Türen zu spähen, fiel mir auf, dass ein ehemaliger Partygast seinen leeren Weinbecher hinter das Metallkreuz der grünen Tür gestopft hatte. Bei den Tschechen stolperten wir über ein aufrecht in den Boden gerammtes Metalldreieck, einer der grünen Mülleimer war umgekippt und der Inhalt den Weg hinuntergerollt, ein vergessenes Bambustablett zeugte von ehemaligen Verköstigungen und ein defekter Drucker von der Tatsache, dass hier tatsächlich auch gearbeitet worden war. Wir ließen den israelischen Pavillon hinter uns, an dessen Wand Verliebte gut sichtbar für die Nachwelt ihren Namensschriftzug hinterlassen hatten, dann verließen wir das Gelände durch den Vordereingang in der Nähe der verschlossenen Informationshäuschen, um am Wasser entlang zurück zum Boot zu laufen.

„Es ist schon verrückt", sagte Alessandro. „Man kann kaum glauben, dass das, was wir gerade gesehen haben, dasselbe Gelände ist, auf dem sich alle zwei Jahre zur Eröffnung der wichtigsten Kunstausstellung die Schönen und Reichen versammeln." Er half uns ins Boot. „Dann sieht man natürlich nichts mehr von dieser Verwahrlosung, dann glänzt es überall, während der Eröffnungstage stehen die Gäste grüppchenweise mit ihren Sektgläsern vor den Pavillons, Roman Abramovitsch legt beim Arsenale mit seiner protzigen Luxusyacht an, während Yoko Ono unauffällig, aber trotzdem beschützt von ihren Bodyguards über das Gelände huscht und sich das *who is who* der Kunstszene die Klinke in die Hand gibt", berichtete er, als wir wenig später Kurs auf Le Vignole nahmen, eine der Laguneninseln, auf die es nur selten Touristen verschlägt, denn sie ist ohne privates Boot nur unter erschwerten Bedingungen zu erreichen. Fast ausschließlich Venezianer legen mit ihren *barce* hier an, um ein ungestörtes Abendessen einzunehmen. Als wir Stunden später Richtung Lido zurückfuhren, den wir von der Seeseite aus erreichten, sahen wir bereits von Weitem, dass in der Strandbar eine große Party im Gange war, und wir beschlossen, noch für eine halbe Stunde dort vorbeizuschauen. Alessandro, der das Boot zurück in die Werft nach Castello bringen musste, setzte uns unweit des *Grand Hotel Des Bains* ab, von wo aus wir durch das seichte Wasser ans Ufer wateten. Wenig später saßen wir mit einem *Spritz* in der Hand auf einem der ausrangierten Sessel, die hier zu Strandmöbeln umfunktioniert wurden, und beobachteten, die Füße im warmen Sand, wie die Sonne im Meer versank. Als wir endlich die Gran Viale Santa Maria Elisabetta hinunter nach Hause liefen, trafen wir Alessandro wieder, der gerade mit dem *vaporetto* den Lido erreicht hatte. Vierundzwanzig Stunden später als geplant, aber ziemlich glücklich fielen wir in der Via Lepanto angekommen, endlich in einen tiefen Schlaf.

Juli

... in dem eine Brücke über die Lagune gebaut und Reden-
tore gefeiert wird, ich bei Sonnenaufgang im Meer schwim-
me und entdecke, dass Venedig vor die Hunde geht.

WER GLAUBT, das wichtigste Fest in Venedig sei Silvester, der irrt. Natürlich begrüßt man auch in der Lagunenstadt das neue Jahr. Aber da sich die Venezianer, wie in
so vielen anderen Angelegenheiten, auch was ihre Festtage
betrifft, vom Rest der Welt unterscheiden, entzünden sie ihr
größtes Feuerwerk regelmäßig am dritten Julisonntag. Dann
feiert man in Venedig traditionsgemäß und mit großem
Aufwand *Il Redentore*, ein Fest, bei dem für einen einzigen
Tag eine Brücke über den Giudecca-Kanal gebaut wird, über
die viele Bewohner der Stadt auf die Insel zu der gleich-
namigen *Chiesa* Palladios pilgern.

„Nachdem die Pest 1577 aus Venedig verschwand, hat
man aus Dankbarkeit die Votivkirche auf der Giudecca errichtet und ein großes Fest gefeiert, eine Tradition die bis
heute erhalten geblieben ist", erklärte mir Alessia, den Ur-
sprung dieser aufwändigen Tradition, während wir bei einem
Spritz auf dem Campo Santa Margherita saßen. Sie hatte
sich überlegt, am Abend des Festes ein Essen bei sich zu
Hause zu geben und im Anschluss mit einem Boot hinaus
auf die Lagune zu fahren, um von dort aus das Feuerwerk anzusehen, das über dem Giudecca-Kanal entzündet wurde.

Alessia gab dem Kellner ein Zeichen, um neue Getränke
zu ordern. Während sie zu Bier überwechselte, entschied
ich mich für ein *Spritz bianco*, für ein *Spritz* ohne Aperol.

Anders als eine Weinschorle, die es bei den Italienern nicht wirklich gibt, wird *Spritz bianco* mit Olive, Eis und vor allem mit Soda statt Mineralwasser zubereitet. Da ich bis zu diesem Zeitpunkt noch nichts von dem Feuerwerk über der Lagune gehört hatte, erklärte mir Alessia, dass traditionell alle Venezianer, die Boote besitzen, an *Il Redentore* in den Giudecca-Kanal und in das Bacino San Marco fahren, dort ankern, essen und trinken und warten, bis um Mitternacht das große Feuerwerk beginnt, das eine volle Stunde dauert. Im Anschluss an das Spektakel fuhren die älteren Leute nach Hause, die Jüngeren meistens zum Feiern auf den Lido. „Insofern hast du zumindest nächstes Wochenende einen kurzen Heimweg" erklärte mir Alessia, während sie ihr Handy nahm und den beiden Brüdern eine Einladung schickte, die prompt für das Abendessen zusagten und sich auch bereit erklärten, ihr Boot zur Verfügung zu stellen.

Wie zu erwarten brach am Tag des großen Festes ein geschäftiges Treiben in der Stadt aus. Frauen eilten mit prall gefüllten Einkaufstüten hin und her, Männer saßen im Sonnenschein in ihren Booten und verbrachten den Vormittag damit, die *barce* für den Abend zu präparieren. Auf dem Dach des Guggenheim-Museums wurden bereits die großen weißen Schirme aufgespannt, an denen erkennbar war, dass sich dort abends Gäste einfinden würden. Die Kellner jener Restaurants, die das Glück hatten, am Zattere zu liegen, der Promenade, die den Canale della Giudecca zur Stadt hin begrenzt, fingen langsam an, draußen im Freien die Tische aufzubauen. Sie würden ohne Zweifel heute Abend ein gutes Geschäft machen, denn all jene, die kein eigenes Boot besaßen, zog es hierher ans Ufer. Da es ohne langfristige Reservierung fast unmöglich war, an diesem Tag am Zattere einen Platz zu bekommen, ließen sich die Menschen mit ihren Kühltaschen, Schüsseln und Schalen auf dem steinernen Boden am Ufer nieder, um von dort aus einen guten Blick auf das Feuerwerk zu haben.

Einige Leute, die in der Nähe wohnten, transportierten sogar Sitzgruppen ins Freie und verlagerten ihr Esszimmer kurzerhand hinaus in die laue Sommernacht. Auf der anderen Seite des *canale*, am Ufer der Giudecca-Insel, wurden bunte Lampions und Lichterketten aufgehängt, die an diesem Abend die Promenade zum Leuchten bringen sollten.

Ich lief gerade Richtung *Billa*, um für Alessia ein paar Besorgungen zu erledigen, als mein Blick auf die große hölzerne Brücke fiel, von der vor zwei Tagen noch nichts zu sehen war. Es war erstaunlich, wie schnell hier binnen weniger Stunden eine 330 Meter lange Holzbrücke gebaut werden konnte, die am morgigen Tag wie von Geisterhand wieder verschwinden würde.

Statt den Supermarkt zu betreten, bog ich automatisch links ab und wanderte in einem Strom von Menschen über die *ponte*, die in leicht gebogener Form den Kanal überspannte. Schritt für Schritt ließ ich mich von der Menge vorwärtsschieben. Vom Zattere aus war die Giudecca eigentlich nur mit dem *vaporetto* zu erreichen, was mitunter im Winter, wenn dichter Nebel den Schiffsverkehr zum Erliegen brachte, zu Problemen führen konnte, da die Einwohner dann für kurze Zeit vom Rest der Welt abgeschnitten waren. Den Menschen, die mir auf der Brücke begegneten, sah ich an, dass sie genau wie ich darüber nachdachten, dass es keinesfalls selbstverständlich war, auf diese Art und Weise das breite Gewässer zu überqueren. In Gedanken immer noch bei der Brückenkonstruktion erledigte ich wenig später meine Einkäufe und lieferte die Lebensmittel bei Alessia ab, dann kehrte ich auf den Lido zurück.

Als wir an diesem Abend, nach einem ausgedehnten Essen bei Alessia, zu dem Boot der beiden Brüder eilten, auf dessen Bug mit roter Farbe der Name *FraMaFi* geschrieben stand, die Abkürzung für Fratelli Mattia & Filippo, stieß Charlotte zu uns, die sich etwas verspätet hatte. Während wir nacheinander in die blaue *barca* kletterten, die sich gefährlich im Wasser senkte, löste Filippo das Seil und sprang, als Mattia den Motor anwarf, geschickt in unsere Mitte. Dann fuhren wir langsam Richtung Lagune, passierten den Canal Grande, auf dem heute Hochbetrieb herrschte, und bogen wenig später hinter der Punta della Dogana in den Giudecca-Kanal ein.

„Wann ist denn das Feuerwerk?", formte ich mit stummen Mundbewegungen gegen den Fahrtwind in Richtung Mattia, der mir meine Frage vom Gesicht ablas. „Es beginnt gegen 23 Uhr und dauert eine ganze Stunde, das ist wirklich superschön, du wirst sehen!" Er steuerte das Boot etwas mehr nach rechts um einem Lastkahn Platz zu machen, der uns überholte. „Wieso müssen wir denn dann jetzt schon aufs Wasser?"

„Aus Sicherheitsgründen müssen alle Boote spätestens eine Stunde vor dem Beginn des Feuerwerks im Giudecca Canal angelangt sein. Ab dann darf erst mal kein Schiff mehr das Bacino di San Marco durchqueren. Das heißt wiederum, man muss sich rechtzeitig einen guten Platz sichern. Und nach dem Feuerwerk dauert es bei den vielen Booten, die unterwegs sind, auch eine ganze Weile, bis man hier wieder fortkommt."

„Aber was ist denn, wenn man auf die Toilette muss?", rief Tim aus dem Heck des Bootes. Mattia lachte. „Dann hat man Pech gehabt. Oder muss in eine der leeren Flaschen pinkeln. Besser, ihr trinkt nicht so viel!"

Inzwischen waren wir in der Mitte des *canale* angekommen, wo uns Freunde von Mattia und Filippo, die hier schon eine Weile zu ankern schienen, überschwänglich begrüßten. Vorsichtig vertäuten wir unser Boot mit ihrem, so dass wir zwischen den zwei *barce* hin- und herwechseln konnten. Alessia packte das restliche Essen aus, das sie von zu Hause mitgenommen hatte, und füllte unsere Plastikbecher mit Rotwein, während die Abendsonne, den Himmel und das Wasser in ein glutrotes Licht tauchte. Als Mattia wenig später eine üppige *Creme Catalana* verteilte, die seine Mutter für uns zubereitet hatte, hörte ich, wie hinter uns mit einem lauten Geräusch etwas ins Wasser fiel. Ein beleibter Junge war in einiger Entfernung über Bord gegangen, was merkwürdiger Weise niemanden zu interessieren schien.

Als ich gerade überlegte, ob er wohl schon zu betrunken war, um schwimmen zu können und nun sang- und klanglos untergehen würde, tauchte er unweit unseres Bootes wieder auf, schwamm mit schnellen Zügen auf uns zu und zog sich an der Reling hoch, so dass die *FraMaFi* erneut ins Wanken geriet. „Ich liebe *Creme Catalana*", seufzte er unter dem Gelächter seiner Freunde, die seinen Ausflug mit der Videokamera filmten, und ließ sich von Alessia einen Löffel reichen. Dann kehrte er schnell zurück zu seinem Boot, immerhin war es bei dem regen Schiffsverkehr nicht ungefährlich, sich im Giudecca-Kanal aufzuhalten, ganz davon abgesehen, dass die Wasserqualität nicht nur im Canal Grande, sondern auch hier keineswegs jenem Standard entspricht, der vonnöten ist, um dort ohne Bedenken herumzuschwimmen. Nicht ohne Grund wird in Venedig all jenen, die in einen Kanal fallen, dazu geraten, sich anschließend im Krankenhaus untersuchen zu lassen, denn die Zeiten, in denen man, wie einst Lord Byron, ein tägliches Bad im Canal Grande nehmen konnte, sind lange vorbei.

Die Promenade war mittlerweile dicht an dicht von Menschen besiedelt, überall hörte man fröhliches Lachen, Korken knallten und Teller klapperten. Als die Sonne verschwunden war und es dunkel wurde, gingen wie auf Kommando unzählige Lichter an. Auch auf vielen der Boote waren die

Masten mit Lichterketten behängt, so dass sie in der Dunkelheit leuchtende Inseln bildeten.

Gegen 23.00 Uhr wurde es auf einmal still. Wenig später hörten wir den Abschuss des ersten Feuerwerkkörpers, weitere folgten, dann ergoss sich über uns ein Funkenregen in den Nachthimmel. Die rot, grün, blau und silber-gold glänzenden Partikel, die sich den Weg zu uns hinunterbahnten, spiegelten sich im Wasser, während der Dogenpalast und die Riva degli Schiavoni das Feuerwerk mit ihrer prachtvoll beleuchteten, unwirklich glänzenden Kulisse rahmten. Fast andächtig verfolgten wir das Schauspiel über dem Meer von den Booten aus. Es war immer noch warm.

Nachdem alles vorbei war, setzten sich langsam die Boote um uns herum in Bewegung. „Was machen wir denn jetzt?", fragte Tim, der zuerst seine Sprache zurückgewonnen hatte. „Wollen wir zum Lido?" Mattia und Filippo, deren Augen schon ganz klein waren, schüttelten die Köpfe. „Ich nicht. Ich bin müde, *ho sonno*!", sagten sie unisono. „Aber wir fahren euch gerne noch mit dem Boot nach drüben, ansonsten braucht ihr ja ewig!"

Als gebürtige Venezianer hatten die beiden schon so oft *Il Redentore* gefeiert, dass der nächtliche Ausflug zum Lido über die Jahre seinen Reiz verloren hatte. Wir anderen schienen uns einig zu sein, dass es außer Frage stand, diesen für uns so außergewöhnlichen Abend vorzeitig zu beenden. Als sich die Menge der Boote auf dem Wasser um uns herum etwas lichtete, wendeten die beiden Brüder daher die *FraMaFi* und steuerten auf den Lido zu. Rings um uns herum erloschen langsam die Lichter. Das zuvor ruhige Wasser war nun aufgewühlt vom Schiffsverkehr und warf das Boot hin und her, als wir aus dem Schutz des Bacino di San Marco in die offene Lagune hineinfuhren.

Wenig später erreichten wir den Strand, der sich noch bis in die frühen Morgenstunden mit Menschen füllte, die sich auf Decken in den Sand legten, am Ufer spazierten oder wie in Trance vor sich hintanzten. Als es hell wurde, saßen Tim und ich, inzwischen schon etwas müde, gegeneinander gelehnt auf seiner Jacke. Neben uns schlief Charlotte auf einem Handtuch, das sie in ihrer Tasche gefunden hatte. Alessia unterhielt sich leise flüsternd mit Freja und Rosalie. Ich blickte auf das Meer, das glatt und unbeweglich vor uns lag. Tim sah mich von der Seite an. „Schwimmen?", fragte er. „Schwimmen." Ich nickte. Gemeinsam standen wir auf und liefen, ohne nachzudenken, samt unserer Kleidung ins Wasser, wo wir mit ein paar großen Zügen der Sonne entgegenschwammen.

Am nächsten Morgen, als ich mir noch etwas schlaftrunken meinen Kaffee in der eisernen Espressomaschine auf dem Gasherd zubereitete, spürte ich plötzlich einen starken Schmerz im Rücken. Ich erstarrte über dem Spülbecken, unfähig, mich zu bewegen. Hatte ich mich bei meinem morgendlichen Bad verkühlt? Jeder Versuch mich aufzurichten, jede unnötige Bewegung ließ mir erneut ein Stechen durch den Körper schießen. Ich rief nach Freja, die mir auf das Sofa half. „Verdammt, was ist das!" Ich hielt mir den Rücken, während Freja in der Küche verschwand und kurz darauf mit einem Glas zurückkehrte, das bis zum Rand mit Grappa gefüllt war. „Hier, reib dir mit der Hälfte davon den Rücken ein. Und trink den Rest." Ich tat wie geheißen, blieb aber skeptisch, dass diese Art von Medizin mir wirklich helfen würde.

Als es mir am nächsten Morgen immer noch nicht besser ging, machte ich mich auf den Weg in die Notaufnahme, die sich ebenfalls auf dem Lido befand. An der Tür der Klinik fiel mein Blick auf ein deutlich sichtbar angebrachtes Verbotsschild, das Ruhe verordnete und Mobiltelefone ausdrücklich verbot. Folgsam schaltete ich mein Handy aus und setzte mich im Warteraum auf einen der Stühle. Neben mir saß ein Mädchen das ungeniert telefonierte, das Schild am Eingang schien sie nicht weiter zu tangieren. Ein ältliches Paar unterhielt sich lautstark über das Wetter. Offensichtlich hatte ich es, als ich auf den Ausschaltknopf des Telefons drückte, einmal wieder mit der deutschen Regelfolgsamkeit maßlos übertrieben.

Wenig später rief mich der Arzt, ein faltenfreier, grauhaariger Mann, zu sich hinein und setzte, ohne meinem Rücken mehr als einen kurzen Blick zu schenken, eine Spritze an. „Meine Freundin ist auch Deutsche, der ist das auch schon passiert", erklärte er, als er mich hinausbegleitete, so als wäre es das Natürlichste der Welt, dass die deutsche Staatsangehörigkeit auch ein Rückenleiden mit sich brachte. „Keine Brücken ablaufen, nicht schwer tragen und keine Bootsfahrten unternehmen, wegen der Erschütterung", verordnete er, was angesichts der Tatsache, dass die einzelnen Teile Venedigs durch circa vierhundert Brücken miteinander verbunden sind und ansonsten nur per Boot erreicht werden können, ziemlich absurd klang. Dann schickte er mich nach Hause, wo ich drei Tage lang vor mich hinvegetierte und mich von John bekochen ließ, der mir dafür als Gegenleistung das Versprechen abnahm, Gaddafi zu hüten. Ich löste es bereits wenige Tage später ein, als John für ein paar Tage beruflich nach Mailand musste. Er hatte morgens an der Tür geklingelt und mir den Hund übergeben, den ich anfangs argwöhnisch beäugt hatte und der mit seinen krummen Beinchen, dem Überbiss und seinem eigenwilligen Charakter eigentlich zwar kaum als Vorzeigeexemplar seiner Gattung gelten konnte, mir aber dennoch erstaunlich schnell ans Herz gewachsen war.

Man sollte eigentlich meinen, dass es in einer so Hundeungeeigneten Stadt wie Venedig nur wenig Vierbeiner gibt. Tatsächlich aber trafen wir bei unseren Spaziergängen zu meinem Erstaunen und zur Freude Gaddafis überall auf seine Artgenossen. Eigentlich ist es eine Quälerei mit den Hunden in Venedig, dachte ich mir zum x-ten Mal, als ich geduldig versuchte, den verschreckten Gaddafi an der *Accademia* zu überreden, ein *vaporetto* zu besteigen, auf dem bereits ein ängstlich jaulender Cockerspaniel saß. Wir kamen gerade vom Guggenheim-Museum, wo ich ihn im Garten angebunden hatte, um ungestört die Kunst von Marcel Duchamp, Mark Rothko und Francis Picabia zu begutachten. Dass Gaddafi im Anschluss an den Besuch noch verschreckter war als sonst, lag möglicherweise daran, dass er während seiner Wartezeit unverwandt auf die Mauer mit der Aufschrift „My beloved babys" gestarrt hatte, unter der sich die Gräber von Peggy Guggenheims unzähligen Hündchen befinden, von denen kaum eines älter wurde als ein paar Jahre. Offensichtlich hatte die Kunstmäzenin mehr Talent für die Auswahl von Gemälden als für die Pflege ihrer Kleintiere.

Weil Gaddafi jedes Mal das Opferlamm spielte, wenn ich versuchte, mit ihm ein Boot zu betreten, beschloss ich, auf meinen Wegen in die Hochglanzkunstsammlungen des Palazzo Grassi, der Punta della Dogana und des maroden Palazzo Fortuny des belgischen Kunstsammlers Axel Vervoordt so viel wie möglich zu Fuß zu gehen, auch wenn unsere Spaziergänge streckenweise zwischen den unzähligen Touristenbeinen für ihn nur ein mittelmäßiges Vergnügen waren. Es ist mir bis heute schleierhaft, dass die kleineren Hunde, die einem in der Stadt begegnen, nicht ständig aus Versehen von den staunend nach oben blickenden Touristen totgetreten werden. Vielleicht haben die Venezianer auch genau aus diesem Grund eine Vorliebe für bullige, massive Tiere, denen man in Venedig merkwürdigerweise öfter begegnet als an anderen Orten, und die eigentlich so wenig in diese elegante Stadt zu passen scheinen. Auf dem Campo Santa Margherita liegt zum Beispiel des Abends regelmäßig eine schwarze dänische Dogge, groß wie ein Kalb, den riesigen Schädel träge auf die Pfoten gebettet, und noch nie habe ich so viele Stafford-Terrier oder Mastinos, Bulldogen und Möpse gesehen wie hier. Die Venezianer sind natürlich angehalten, den Dreck ihrer Hunde zu beseitigen – mit in Plastiktüten integrierten Schaufeln sollen sie den Kot in den nächstgelegenen Mülleimer befördern. *„Tieni pulita la città –* hilf, die Stadt sauber zu halten",* mahnen zahlreiche an den Mauern und in den Bootsstationen befestigte Plakate. Befolgen tut das allerdings fast niemand.

Ich war davon ausgegangen, Venedig mittlerweile so gut zu kennen, dass ich mich nicht mehr verlaufen konnte, aber während ich mit Gaddafi die Stadt erkundete, stellte ich fest, dass das ein Irrtum war. Orientierungslos stand ich in einer der Gassen Castellos. Gaddafi hockte zu meinen Füßen und blickte gleichgültig. „Gaddafi, sag schon, wo müssen wir lang?", fragte ich ihn und wartete vergeblich auf Antwort. Eigentlich besaß er die Fähigkeit, immer nach Hause zu finden. Ganz von allein und ohne menschliche Hilfe überquerte er von Zeit zu Zeit, wenn wir in der Strandbar bei *Alberoni* saßen und es Gaddafi zu langweilig wurde, den gesamten Lido, um zu Hause vor der Tür Einlass zu begehren. Heute aber war er als Fährtenhund nicht zu gebrauchen. Gaddafi machte es sich auf dem Pflaster bequem, während ich vergeblich versuchte, mich zu orientieren. Eben noch waren wir an den vollgestopften Schaufensterscheiben der Souvenirläden vorbeigekommen, jetzt aber standen wir zwischen bröckelnden Hauswänden. Wohltuende Leere fürs Auge. Dennoch konnte ich mich eigentlich nicht sonderlich weit weg vom Markusplatz befinden.

Auf einmal beschlich mich das Gefühl, aus der Ferne beobachtet zu werden. Ich sah mich um. Am anderen Ende des Platzes lehnte jemand gegen eine Mauer und sah uns an. Es war der Mann mit den Locken, der mir schon an meinem ersten Tag hier aufgefallen war. Er warf mir einen spöttischen Blick zu. Da ich mich dafür genierte, dass ich mich hier immer noch nicht auskannte, tat ich, als ob ich ihn nicht sehen würde, und bog, Gaddafi hinter mir herziehend, rechts in eine Gasse ab. Fünf Minuten später fand ich mich erneut auf einem weiteren menschenleeren *campo* wieder. Ich wusste zwar immer noch nicht, wo ich mich genau befand, aber zumindest war ich hier in der letzten halben Stunde noch nicht mehrmals vorbeigekommen.

Nachdem wir ein paar Brücken überquert hatten und schließlich zur Ponte dei Greci gelangt waren, fand Gaddafi tatsächlich, wenn auch nur zufällig, einen Ausgang aus dem Labyrinth. Er war einer Hundedame hinterhergelaufen, die ungefähr doppelt so groß war wie er selbst, und hatte uns so unabsichtlich zurück auf die Riva degli Schiavoni geführt, von wo aus wir in kürzester Zeit die *vaporetto*-Station erreichten. Am Arsenale lockte ich Gaddafi mit ein paar Tricks und leeren Versprechungen an Bord des *vaporetto*, dann fuhren wir gemeinsam heimwärts Richtung Lido. Als wir zu Hause ankamen, öffnete uns John, der bereits aus Mailand zurückgekehrt war, die Tür. Gaddafi sprang vor Freude winselnd an ihm hoch, als hätte er an meiner Seite die drei fürchterlichsten Tage seines Lebens verbracht.

August

… in dem ich überall Löwen sehe, einen Palazzo am Canal Grande besichtige, vor einem Altar lande und der schönsten Stadt der Welt auf einmal überdrüssig werde.

DASS ICH SO GERN IN VENEDIG BIN, mag daran liegen, dass ich als Augustkind im Sternzeichen des Löwen geboren bin, denn die *Serenissima* steht unter dem Schutz des heiligen Markus, dessen Zeichen ein geflügelter *leone* ist. Das stolze Tier hält mit seiner Pfote noch dazu ein geöffnetes Buch, was mir persönlich besonders gefällt. In die aufgeschlagenen Seiten ist auf Lateinisch der Schriftzug „Friede sei mit dir, mein Evangelist Markus" eingemeißelt. Möglicherweise fühlte ich mich nicht zuletzt wegen der Löwen, die Venedig bevölkern inzwischen, nachdem gut ein halbes Jahr vergangen war, dieser Stadt zugehörig.

„Such den Löwen!" Stundenlang kann man in Venedig mit diesem Spiel zubringen und wird doch niemals alle Exemplare der königlichen Gattung ausfindig machen. Weil der Löwe das Wappenzeichnen Venedigs ist, begegnet man dem Steppentier in der Wasserstadt an jeder Ecke. Wer einmal nach ihm Ausschau hält, wird erstaunt sein, wo der belesene *leone* überall auftaucht. Allein auf der Piazza San Marco kann man zum Beispiel, wenn man sich die Zeit nimmt, circa dreizehn seiner Artgenossen zählen. Und wer am Guggenheim-Museum mit dem Boot vorbeifährt, dem wird hier eine Vielzahl halbierter Löwenschädel auffallen, die sich nebeneinander an der Fassade entlang aufreihen. Sie reißen das Maul Richtung Wasser auf, als hätten sie

Durst, während ihre Hinterköpfe, brutal abgehackt, flach gen Himmel ragen, so dass man sich theoretisch auf die glatten Flächen setzen und die Beine hinunter in den Kanal baumeln lassen könnte. Sie erinnern daran, dass die ehemaligen Besitzer des Palazzo Venier dei Leoni, so sagt man zumindest, lebendige Löwen im Garten gehalten haben. Auch auf den dunkelroten Fahnen, die die Chauffeure der hölzernen Wassertaxen stolz spazieren fahren, prangt gut sichtbar in goldgelber Farbe das Wahrzeichen der Stadt, während so manche löwenkopfförmige Klingel an den Hauseingängen erst mühsam entdeckt werden muss. Unübersehbar hingegen sind die majestätischen, großen Statuen, die den Eingang zum Militärgelände *Arsenale* bewachen. Die meisten der Tiere sind, egal wie antik sie wirken mögen, allerdings Kopien und neuere Exemplare ihrer Gattung, denn die napoleonischen Truppen haben fast alle Löwen in der Stadt zerstört, als sie Ende des 18. Jahrhunderts die Lagune eroberten.

Gemeinsam mit Charlotte, ebenfalls ein Löwenkind, bereitete ich Anfang August unser Geburtstagsessen vor. Charlotte wohnte in einer Sackgasse unweit des Campo Santa Margherita, die von einem Kanal begrenzt wurde. Außer den Besuchern der umliegenden Häuser verirrte sich daher kaum jemand in diese Straße. Unsere Einladung planend, setzten wir uns mit einem *caffè* auf die von der Sonne gewärmte Stufe vor der Haustür. In der Küche bereitete Charlottes Mitbewohner François Crêpes mit Erdbeeren für uns vor. Während wir ungeduldig auf unser Essen warteten, überlegten wir, wie sich unser Geburtstag am besten feiern ließe. Immerhin war es in Venedig teuer seine Freunde in ein Restaurant einzuladen, andererseits lockten die venezianischen Sommerabende mit einer ganz eigenen Atmosphäre, so dass es auch zu schade war, die Feier ins Innere von Charlottes Apartment zu verlegen.

Während wir noch nachdachten, hörten wir, wie sich François aus der Küche näherte. Er reichte den Teller mit *crespelle* zu uns nach draußen in die Sonne. „Ich hab gedacht, wir bleiben hier vor der Tür sitzen. Das Wetter ist so schön! Ich hol mir nur noch schnell einen Stuhl aus der Küche." Charlotte und ich sahen uns an. Das war die Lösung! „François, du bist ein Genie!" Er blickte zufrieden in unsere Richtung. „Endlich habt ihr das auch erkannt", und fügte fragend hinzu: „Aber wieso eigentlich?"

„Wir feiern unseren Geburtstag einfach hier draußen vor der Tür. Ein Abendessen mit Kerzen und Lampions, mitten auf der Straße! Hier am Ende der Gasse kommt doch niemand vorbei." Umgehend machten wir uns an die Planung, denn uns blieben nur noch zwei Tage, um alles vorzubereiten.

Am Vormittag meines Geburtstags trugen wir nach einer kurzen Lagebesprechung einen großen Tisch und zahlreiche Stühle in die Mitte der Gasse. Dann fingen wir an zu kochen, während François den Tisch deckte und mit einem Verlängerungskabel die Stereoanlage anschloss, die er vor dem Haus auf den Fenstersims gestellt hatte.

Am frühen Abend, als Charlotte und ich gerade die gefüllten Schüsseln und Schalen nach draußen trugen, trafen die ersten Gäste ein. John und Alessandro kamen mit Gaddafi, der zur Feier des Tages eine Schleife trug und darüber nicht sonderlich begeistert wirkte. Auch Freja und Rosalie waren mit unseren Nachbarn mit dem Boot herübergekommen. Alessia, die gerade erst aus Verona zurückgekehrt war, wo sie ein paar Tage bei ihren Eltern verbracht hatte, traf kurz nach Mattia und Filippo ein, die Charlotte und mir jeweils einen Blumenstrauß überreichten. Sie hatten ihren Cousin Giacomo dabei, der auf dem Weg von Padua nach Rom in Venedig einen Zwischenstopp machte und sich sofort mit Gaddafi anfreundete.

Gerade als wir anfangen wollten, in der Küche eine Runde *Spritz* vorzubereiten, fiel uns auf, dass wir vergessen hatten, an Eiswürfel zu denken. Ich beschloss, schnell zum Campo Santa Margherita zu laufen und im *Imagina* ein wenig Eis zu besorgen. Als ich mich der Bar näherte, sah ich, dass der Mann, der mir nun bereits mehrmals aufgefallen war, neben dem Eingang an der Hausmauer lehnte. Er trug, wie jedes Mal, wenn ich ihm begegnete, ein etwas abgetragenes Hemd und ausgeblichene Jeans. In einer Hand hielt er ein Bier, mit der anderen stützte er sich lässig an der Mauer ab. Ich hielt inne und betrachtete ihn von Weitem. Er hatte ein klassisches Profil, auch wenn die Zeit bereits erste Spuren in seinem Gesicht hinterlassen hatte. Die Nase, die er sich wohl einmal gebrochen hatte, wies in der Mitte einen deutlich sichtbaren Knick auf. Irgendetwas, auch wenn ich nicht genau sagen konnte was, unterschied ihn von den anderen Männern, denen ich hier in den vergangenen Monaten begegnet war.

Obwohl ich ihn durchaus anziehend fand, riet mir eine innere Stimme, mich von ihm fernzuhalten. Statt also im *Imagina* nach Eis zu fragen, machte ich einen großen Bogen über den *campo* und ließ mir den Eimer im *Caffè Rosso* füllen. Auf dem Rückweg musterte ich noch einmal den Mann, der mittlerweile mit einigen Leuten an einem der Tische saß und Backgammon spielte, dann beeilte ich mich, möglichst schnell zu meinem Geburtstagsessen zurückzukehren. „Na endlich!", rief Mattia, als ich in die Sackgasse zurückkehrte, in der Charlotte und François wohnten.

Im Verlauf des Abends dehnte sich das Fest immer mehr aus, jeder von uns hatte noch ein paar Leute angerufen, die wiederum in Begleitung erschienen, so dass sich die Party langsam, aber sicher auch in die Wohnung verlagerte. John hatte ein paar Bekannten Bescheid gesagt, Amerikanern, die gerade ein Praktikum im Guggenheim-Museum absolvierten. Einer von ihnen war ein androgyner Junge, der jünger zu sein schien als die anderen. Er streckte mir die leeren Hände entgegen. „Wir haben leider nichts zu trinken dabei", sagte er entschuldigend. „Das macht doch nichts", ich winkte ab. „Kommt rein", ich wollte gerade einen Schritt zur Seite treten, als François im Flur auftauchte. „Nein, halt, du nicht!", herrschte er Johns Bekannten an. „Aber wieso denn nicht?" Ich protestierte. Der blonde Junge blickte hilfesuchend in meine Richtung. „Und wenn wir versprechen, nichts zu trinken?", schlug er bescheiden vor, und ich hätte ihn am liebsten adoptiert. „Nein!", François blieb hart. „Ich hab dich noch nie gesehen. Du und dein Freund, ihr müsst gehen." Er versperrte energisch den Eingang. Als die beiden verschwunden waren, sah er mich an. „Wir können hier doch nicht einfach jeden hereinlassen! Was ist denn, wenn die etwas klauen?" Ich verkniff mir den Kommentar, dass es bei ihm wohl kaum etwas gäbe, was einen Diebstahl lohnen würde, und schob mich an ihm vorbei in die Küche, um nach John zu suchen. „John, François hat gerade zwei Freunde von dir rausgeworfen, es tut mir leid!"

John, der in ein Gespräch mit Charlotte vertieft war, sah auf. „Wen denn?" Ich beschrieb ihm den schlaksigen, Jungen, der mich ein wenig an Tadzio aus *Der Tod in Venedig* erinnerte und der so ohne jeden Widerspruch das Feld geräumt hatte. „Was? Wieso denn?" John schien ebenso erstaunt wie ich. „Ach, François hat ihn einfach noch nie gesehen und dachte, er stiehlt vielleicht was." John lachte laut auf. „Das ist übrigens ein direkter Nachfahre von Peggy Guggenheim. Ich glaube kaum, dass der so was nötig hat."

Dass nicht immer eine unmittelbare Ähnlichkeit mit der Verwandtschaft besteht, dafür war der zurückhaltende Junge, der tatsächlich das genaue Gegenteil seiner exaltierten Urahnin zu sein schien, die zu Lebzeiten die konservativen Venezianer schockierte, indem sie dem Künstler Marinetti die Skulptur eines Mannes abkaufte, dessen in die Höhe gerecktes Geschlechtsteil sich nach Belieben an- und abschrauben ließ, und diesen auf ihrer Terrasse mit Blickrichtung auf den Canal Grande positionierte, der lebende Beweis. Mit etwas boshafter Freude machte ich mich auf die Suche nach François, der gerade verzweifelt einen Job in der Kunstbranche suchte, um ihm mitzuteilen, wen er da eben vor die Tür gesetzt hatte.

In Venedig liebt man das Versteckspiel genauso wie die bewusste Täuschung, und so kann man an den Gesichtern der Bewohner zumeist genauso wenig wie an den Fassaden der Stadt ablesen, was sich hinter der äußeren Erscheinung verbirgt. Dass der erste Eindruck daher oftmals täuschen kann, bestätigte sich mir nur wenige Abende nach meinem Geburtstagsfest erneut, als ich mit Filippo durch die Stadt lief. Abendliche Spaziergänge wie der unsere haben in Venedig Tradition. Man läuft von Bar zu Bar, trinkt einen *aperitivo* und tauscht ein paar Neuigkeiten aus. So trifft man regelmäßig Bekannte und Freunde, ohne sich mühselig für einen bestimmten Ort verabreden zu müssen. „*Ci vediamo in giro* – wir sehen uns unterwegs!", ruft man sich zu und begegnet sich schon eine halbe Stunde später auf einem anderen Platz oder in der nächsten Bar wieder.

Hinter dem Campo Santo Stefano blieb Filippo stehen. „Möchtest du das Haus meiner Großmutter sehen?", fragte er mich auf einmal unvermittelt. Ich wusste, dass die beiden Brüder mütterlicherseits aus einer alten venezianischen Familie stammten, aber dass ihre Familie sogar in einem *palazzo* am Canal Grande gelebt hatte, war mir neu. Zwar war ich gerade erst im Palazzo Grassi gewesen, jener Kunstsammlung am Canal Grande, die François Pinault, dem Chef eines großen, französischen Konzerns gehörte, und ich hatte auch den Blick von der Terrasse des Guggenheim-Museums genossen, mit einem Besuch in den Privaträumen von Filippos verstorbener Großmutter konnte das aber natürlich nicht mithalten, denn nur selten wird Fremden ein Einblick in eines der an der Prachtstraße gelegenen Häuser gewährt, die man zumeist nur im Vorbeifahren von außen bestaunte. Neugierig folgte ich Filippo in eine Seitengasse, wo er die Tür zu einem schattigen Innenhof öffnete.

„Seit meine Großmutter nicht mehr lebt, wohnt meine Tante hier, wenn sie in der Stadt ist, aber jetzt werden wir den *palazzo* wahrscheinlich bald vermieten. Die Instandhaltungskosten sind einfach wahnsinnig hoch", erklärte er, während er voranging.

Von der „Landseite" kommend lassen sich die kostbare Ausstattung und Größe der *palazzi*, die das Ufer des Canal Grande säumen, nur schwer erahnen. Das liegt vor allem daran, dass die Venezianer sparsam mit der kostspieligen Dekoration ihrer Fassaden umgehen. Denn auch wenn die Einheimischen nur noch wenig mit den Booten unterwegs sind und heutzutage meistens die Hintereingänge der Gebäude benutzen, darf man nicht vergessen, dass man sich den *palazzi* ursprünglich von der Wasserseite aus nähern musste. Während sie daher zum Canal Grande hin prachtvoll bemalt und teilweise aufwändig restauriert wurden, blieben die Seitenwände der Häuser oftmals ungestrichen, was ihnen ein nacktes, unfertiges Aussehen verleiht. Der Umstand, dass ein Teil fast aller Fassaden im Rohzustand verblieben ist, verstärkt mitunter den Eindruck, dass es sich bei Venedig tatsächlich um eine Filmkulisse handelt, die nur zum Wasser hin ihre verführerische Seite zeigt.

Ich folgte Filippo durch den dunklen Innenhof eine breite Treppe hinauf und durch eine hölzerne Eingangstür ins Innere des Gebäudes. Nachdem sich meine Augen an das dunkle Licht gewöhnt hatten, stellte ich fest, dass ich mitten in einer Eingangshalle stand, die das Vielfache meiner Berliner Wohnung maß, von meinem Zimmer auf dem Lido ganz zu schweigen. Die hohen Fenster, die vom Boden bis fast zur Decke reichten, waren mit weißen Vorhängen verhangen, zahlreiche Gemälde, bei denen es sich mit Sicherheit um Originale handelte, schmückten die Wände. Von der Decke strahlte ein durchsichtiger Murano-Glas-Leuchter auf uns herab. Wer hätte gedacht, dass sich hinter der verblassten Fassade ein so weitläufiges *piano nobile* verbirgt, dachte ich, als wir durch eine der Türen den Salon betraten, der mit lindgrünem, antiken Mobiliar ausgestattet war. Dann zeigte Filippo mir das ehemalige Schlafzimmer seiner Großmutter, das von einem stattlichen Bett unter einem steinernen, in die Wand eingelassenen Himmel dominiert wurde. „Komm, du musst unbedingt einen Blick auf den Canal Grande werfen!" Filippo durchquerte den Raum, nicht ohne dabei nach oben in Richtung eines Deckenfreskos zu zeigen. „Tintoretto", sagte er wie nebenbei und öffnete eine Tür zum Balkon, der direkt auf den Canal Grande hinausführte. Ich trat neben ihn und lehnte mich auf die steinerne Balustrade, deren Ecken von Miniaturlöwen verziert wurden. Da ist es mal wieder, das Wahrzeichen, dachte ich und freute mich, ein weiteres Löwenpaar entdeckt zu haben.

„Schön, oder?" Ich blickte hinunter auf das Wasser, auf dem die Boote mit lautem Motorenbrummen ihre Bahnen zogen, und schaffte es tatsächlich zum ersten Mal, mit angemessener, ehrlicher Begeisterung *„Che bello, che bello!"* auszurufen. „Komm, eine Sache kann ich dir noch zeigen, das wird dir gefallen." Filippo verließ den Balkon, lief einen Gang entlang und öffnete die Türen eines Wandschrankes, hinter dem sich ein Altar verbarg. „Hier haben meine Eltern geheiratet. Ist das nicht romantisch?" Nacheinander durchquerten wir die unzähligen Räume, unter deren hohen Decken ich mir ein wenig verloren vorkam, dann verließen wir das Gebäude.

In diesem August, nur wenige Tage nach meinem Besuch im Palazzo von Filippos Großmutter, fiel mir, als mein Blick im Wartehäuschen von San Zaccaria das überdimensionales Plakat einer Uhrenmarke streifte, das den gesamten Bogengang über der Seufzerbrücke überspannte, einmal mehr auf, wie flächendeckend die Stadtverwaltung Venedig werbewirksam an Unternehmen vermarktet. In gigantischen Lettern wurde direkt über der *Ponte dei Sospiri* ein Chronometer zum Kauf angepriesen. Von nun an entdeckte ich Tag für Tag immer mehr Orte, an denen „die Durchlauchte" zur Werbeträgerin degradiert wurde. Ein wenig mag es vielleicht mit dieser Entdeckung zu tun haben, dass ich der Stadt auf einmal, von einem auf den anderen Tag überdrüssig wurde.

Man mag Venedig noch so sehr lieben, anbeten und verehren, gerade weil die *Serenissima* so einzigartig ist, kommt früher oder später unweigerlich der Moment, in dem sie einem ganz gehörig auf die Nerven geht. Ist man bisher staunend durch die Gegend gelaufen, kopfschüttelnd über ihre unfassbare Schönheit, tritt früher oder später der Punkt ein, an dem man angesichts des vollendeten Zuckerbäckercharmes der Fassaden nahezu aggressiv wird. Oh bitte, denkt man, kann ich nicht etwas abgrundtief Hässliches entdecken, an dessen Anblick sich meine Augen ausruhen können? Selbst die dunkelgrünen, geschwungenen Straßenlaternen passen unerträglich perfekt ins Bild, Venedig ist einfach nahezu überall beschaulich, pittoresk und zum Verrücktwerden romantisch. Kein Wunder, dass auch ich mitten in der größten Sommerhitze vorübergehend die ganze auf Holzpfählen ins Meer gebauten *bellezza* leid war und angesichts eines der wenigen Neubauten, die die Stadt zu bieten hat, geradezu in Verzückung geriet. „Ah, endlich ein paar Schandflecke! Ah, das grauenhafte Hotel Bauer, eine verschandelte Bank, der hässliche Bahnhof, das geschmacksfreie Universitätsgebäude am Zattere! Ah, die Betonsporthalle im Stadtteil Castello, welche Wohltat, welche Erleichterung, auch Venedig ist nicht perfekt!"

Im nächsten Stadium der Abneigung angelangt, das erfuhr ich wenig später am eigenen Leibe, wird es einem auch noch zu heiß und zu schwül in der Stadt. *Afa* heißt dieses Klima, das in den Sommermonaten schwer auf den Lungen liegt und dafür sorgt, dass einem die Kleidung am Körper klebt. Besonders bei *afa* entwickelt man das Bedürfnis, die Touristen, die langsam vor einem herschleichen und auch bei einem energisch durch die Zähne gezischten *„permesso"* nicht beiseiteweichen, ein wenig anzuschubsen. Nun fällt einem auch der unangenehmer Geruch auf, der aus den stillgelegten Kanälen herüberweht, und der von dem Müll, den die Venezianer einfach in blauen Plastiksäcken vor die eigene Tür stellen oder, wenn nicht gerade einer der wenigen Tage ist, an denen die Müllabfuhr kommt, vor das Haus eines etwas weiter entfernt lebenden Nachbarn, noch verstärkt wird.

Man kann dieses Gefühl, die Stadt nicht länger ertragen zu können, nicht abwehren, sich nicht darauf vorbereiten, es überfällt einen von einem Tag auf den anderen. Noch gestern hatte ich in den höchsten Tönen von Venedig geschwärmt. Und nun, auf einmal, hatte ich sie leidlich über, die schmalen Gassen, die zierlichen schwarzen Gondeln, die ganze melancholische Atmosphäre dieses Ortes mit dem dekadenten Verfall, mit all seinen Spatzen und Tauben, Rosen- und Regenschirmverkäufern, seinen stillgelegten Kanälen, den vielen Sackgassen und sonstigen merkwürdigen Eigenheiten. Und eigentlich war ich auch schon längst nicht mehr gewillt, die unverschämten Lagunen-Preise zu bezahlen.

Am meisten aber ermüdete mich die Tatsache, dass ich, obwohl bereits so tief in das Gefüge der Stadt eingedrungen, immer noch nicht dazugehörte. Weder verstand ich die lokalpolitischen Diskussionen, die fast alle Venezianer mit Feuereifer führen, noch den venezianischen Dialekt, der sehr eigen ist und durch eine sehr weiche, schleppende Intonation und seine melodiöse, teils etwas süßliche Sprechweise auffällt.

„Oh, ich bin überhaupt nicht gut gelaunt!", stöhnte ich daher, als ich eines Abends mit Mattia und Filippo bei deren Eltern saß. „Ich finde Venedig gerade so furchtbar anstrengend!" Die Mutter der beiden lachte. „Das ist doch ganz normal. Du musst einfach mal hier raus, etwas anderes sehen. Weshalb begleitest du uns nicht über *Ferragosto*, den Wendepunkt des Sommers, nach Elba? Danach wird es dir bestimmt auch wieder besser gehen. „Na klar, komm mit nach Poggio!" Mattia und Franceso griffen den Vorschlag ihrer Mutter sofort auf, umgehend fingen sie an, Pläne zu schmieden.

Der Ausflug nach Elba erwies sich als meine Rettung, denn wer, so wie ich, sogar angesichts einer nächtlichen Fahrt auf dem Canal Grande sein Lächeln nicht mehr wiederfindet, für den ist es höchste Zeit, die Stadt zu verlassen. Niemand muss sich bei seiner Abreise wie ein Verräter fühlen, denn auch die Venezianer kehren ihrer Heimat hin und wieder den Rücken. Die Einheimischen zieht es im Sommer nach Elba, oder zumindest auf den Lido, im Winter nach Südtirol oder zum Skifahren nach Cortina d'Ampezzo. Und wer nach kurzer Abwesenheit in die *Serenissima* zurückkehrt, der kann sich erneut darüber freuen, in der schönsten Stadt der Welt zu Hause zu sein.

Nur wenige Tage später saß ich mit Filippo im Zug. Er hatte im Vorfeld am Bahnhof die Karten gelöst. „Was bekommst du denn von mir?", fragte ich, als wir nebeneinander Richtung Rom fuhren. „Nichts." Filippo strahlte mich an. „Das geht doch nicht", protestierte ich. Dass die beiden großzügig waren, wusste ich, aber eine Fahrkarte nach Rom für mich zu bezahlen, das konnte ich einfach nicht annehmen. „Aber ich habe doch überhaupt nichts bezahlen müssen! Als meine Begleitperson kannst du gratis mit der Bahn fahren", winkte Filippo ab. „Na ja, Filippo, eigentlich ist das ja nicht wahr. In Wirklichkeit, taub hin oder her, bist ja du meine Begleitperson, ohne dich würde ich mit ziemlich großer Wahrscheinlichkeit unterwegs verloren gehen!"

Tatsächlich hätte ich den Weg bis in das Bergdorf auf Elba, aus dem der Vater der beiden stammte, ohne Filippo nur mit großer Mühe gefunden, denn Poggio lag sehr versteckt. Der verschlafene Ort, war einst der Treffpunkt der Jeunesse dorée, mittlerweile aber verirrte sich außer den wenigen Einwohnern kaum jemand in diese abgelegene Gegend der Insel. In Poggio angekommen überquerten wir den verlassenen Marktplatz und steuerten auf ein weißgetünchtes Haus zu, das in den Hang gebaut war. Auf zwei Etagen reihten sich mehrere Puppenstubenzimmer aneinander, deren Fenster den Blick weit über das Meer freigaben. Hier konnte ich endlich wieder das machen, was mir in Venedig in den letzten Wochen nicht möglich zu sein schien: atmen.

Fünf Tage lang genoss ich die Fahrten über die sonnige Insel, probierte hausgemachte *Orecchiette*, jene Pasta, die von ihrer Form her einer Ohrmuschel gleicht, und massenweise frisches Obst und Gemüse, das wir beim Bauern in der direkten Nachbarschaft kauften. Abends saßen wir bei Wein und Kerzenschein auf der Terrasse und blickten über das Meer, nachts wickelte ich mich in mein dünnes Laken und freute mich, wenn die Grillen, deren Zirpen mich immer an Urlaub erinnert, mich noch ein wenig wach hielten.

Über die Brüder erfuhr ich einiges in dieser Zeit. Zum Beispiel, dass amerikanische Spezialisten den Eltern vor fast dreißig Jahren geraten hatten, keine Gestik zu benutzen, wenn sie mit ihren tauben Kindern sprachen. „Halten Sie um Gottes Willen die Hände still", hatte man dem jungen

Ehepaar damals aufgetragen. „Die Italiener reden so viel mit den Händen, da müssen die beiden das Lippenlesen niemals lernen." Mattia und Filippo waren, weil ihre Eltern sich dagegen entschieden hatten, ihnen die Gebärdensprache beizubringen, darauf angewiesen, genauso zu kommunizieren wie alle anderen auch. Ihre Sprache war, wenn auch mit einem besonderen Klang versehen, völlig verständlich, und da sowohl Filippo als auch Mattia es gewohnt waren, öfter mal einen Satz zu wiederholen, erwiesen sie sich für mich als gute Sprachlehrer.

Nach und nach geschah auf Elba genau das, was ich erhofft hatte: Die vollständige Venedig-Regeneration setzte ein. Als wir wenige Tage später mit dem Mietauto Richtung Norden zurückfuhren und ich gerade dabei war, die Jazzmusik, die im Radio lief, lauter zu drehen, überfiel mich auf einmal, mitten auf der Autobahn, ein Gefühl, das mir, seit ich in Italien war, gefehlt hatte und das sich, zum ersten Mal in all den Monaten, nicht auf Berlin, sondern auf Venedig bezog: Ich freute mich auf zu Hause.

In der Lagunenstadt angekommen, verspürte ich Herzklopfen: Wie der Canal Grande im Abendlicht vor mir lag! Wie unbegreiflich es immer noch war, auch nach all dieser Zeit, dass hier Menschen eine gesamte Stadt auf Pfählen ins Meer gebaut hatten! Und dann die Löwen, überall diese wunderbaren steinernen Löwen! Von nun an wusste ich, dass das Geheimnis, sich die Liebe zu Venedig zu erhalten, darin liegt, der Stadt ab und an den Rücken zu kehren. Nur dann ist es möglich, der *Serenissima* erneut zu begegnen und sie in ihrer ganzen Faszination genügend zu würdigen.

September

*... in dem auf dem Lido Filmfest ist, ich mich auf
die Spuren von Luchino Visconti begebe, das mondäne
Strandleben genieße und schneller zu einer neuen
Handtasche komme, als mir lieb ist.*

Ich stieg in die Linie 1 Richtung Piazzale Roma. An den Giardini wartete Alessia bereits an der Haltestelle auf mich. *Il Gazzettino* hatte sie beauftragt, über eine Segelregatta zu berichten, die heute im Arsenale Station machte. Gemeinsam liefen wir Richtung Eingang. „Wo müssen wir hin?" Ich versuchte, mit ihr Schritt zu halten. „Ich weiß noch nicht genau. In der Pressemitteilung vom Bürgermeister hat nicht gestanden, wo der Empfang für die Segler stattfindet. Wir müssen also ein wenig suchen."

Eine Pressemitteilung ohne Ortsangabe? Sehr professionell klang das nicht. Ich war daher kaum überrascht, als sich herausstellte, dass die beiden Eingänge zum Gelände verschlossen waren. „Und nun?", fragend sah ich mich um. Alessia seufzte. Sie spähte über die Mauer hinauf zu der Brücke, die im Inneren des alten Militärgeländes einen Kanal überspannte und die gerade ein Mann überquerte, der offenbar hier arbeitete. Laut rufend machte Alessia auf sich aufmerksam und bat um Hilfe. Der Arbeiter blieb stehen und lehnte sich, während sie sprach, träge gegen das Geländer. Als Alessia geendet hatte, bedeutete er uns, zum Haupteingang zu kommen, dann setzte er sich gemächlich wieder in Gang.

Wir steuerten auf den *ingresso principale* zu und warte-

121

ten auf der untersten Stufe des Treppenabsatzes, an dessen Fuß ein Schild die Passanten vor dem Betreten des Militärgeländes warnte. Im selben Moment öffnete der Arbeiter im Inneren des Gebäudes die Tür und kam, die Hände in den Hosentaschen, langsam zu uns herausgeschlendert. „Ich hab gerade noch mal nachgefragt, hier hat niemand was von einer Regatta gehört", sagte er und verschwand genauso gemächlich, wie er herausgekommen war, wieder hinter der Tür. „Und nun?", knurrte Alessia böse, „wie soll ich jetzt meinen Job machen?" Ich schüttelte ungläubig den Kopf. Es konnte eigentlich wirklich nicht sein, dass der Pressesprecher der Stadt zum Empfang einer Regatta lud und nicht auf die Einladung schrieb, wo genau der Termin stattfinden sollte. „Im Arsenale, der ist echt gut. Das Gelände ist nur 32 Hektar groß. Ein Traum." Ich rechnete. „Das ist ja praktisch ein Zehntel der Stadt." „Eben." Entschlossen drehte sie sich um und bedeutete mir, ihr zu folgen. „Komm, wir versuchen mal, ob beim *Teatro alle Tese* die Tür offen ist und wir vielleicht durch die Corderie, die zum Biennale-Gelände gehören, gehen und selbst suchen können." Wir kehrten um und liefen an ein paar Marineoffizieren der Militärschule *Filippo Morosini* vorbei, die sich nicht weit vom Arsenale entfernt auf der Halbinsel Sant' Elena befindet, Richtung Seiteneingang, wo man zwar ebenfalls nichts von einer Regatta wusste, uns aber anstandslos passieren ließ, als Alessia ihren Presseausweis vorzeigte. Mit schnellem Schritt folgte ich ihr durch die endlos langen Ausstellungshallen. Um uns herum wurde bereits intensiv gearbeitet. In wenigen Tagen sollte hier und in den Giardini die Architektur-Biennale eröffnet werden, die seit den Achtzigerjahren im zweijährigen Wechsel mit der Kunstmesse stattfindet. Während Letztere inzwischen ziemlich populär ist und neben Fachleuten aus der Kunstbranche auch Unmengen an Touristen anzieht, ist die Architektur-Biennale etwas spezieller, etwas mehr

Understatement und eher Fachausstellung als Sightseeing-Highlight.

Wir durchquerten eine Halle, in der mit der Aufschrift *fragile* versehene Kisten gelagert wurden, und liefen zügigen Schrittes über das Gelände. Ab und an passierten wir Arbeiter, die etwas gestresst Hand an verschiedene Ausstellungsobjekte und architektonische Modelle legten, die vor den Türen der weitläufigen *Corderie*, den alten Seilziehereien, standen und darauf warteten, im Inneren postiert zu werden. „Regatta? Keine Ahnung", murmelten sie ohne aufzusehen, unwillig über die Störung. Langsam geriet ich außer Atem. Ich versuchte vergeblich, mit Alessia Schritt zu halten, und musste an meinen ersten Tag in der Stadt denken, als ich verwirrt von dem Konskriptionssystem durch die Gassen geirrt war. Hätte mir damals jemand gesagt, dass die Suche in Venedig auf gewisse Art und Weise niemals aufhört und ich nach einem halben Jahr immer noch damit beschäftigt sein würde, irgendetwas ausfindig zu machen, ich hätte ihm wohl nicht geglaubt.

Inzwischen waren wir wieder ans Wasser gelangt und liefen neben den flachen *Corderie* zurück Richtung Ausgang. „Und nun? Was machen wir nun?", fragte ich Alessia, die bereits unzählige Male per Handy Rücksprache mit ihrem zuständigen Redaktionsleiter gehalten und gerade noch einmal vergeblich versucht hatte, über das Büro des Bürgermeisters an Informationen zu kommen. Sie seufzte. „Jetzt gehen wir nach Hause." „Und worüber schreibst du dann?" Sie zuckte die Schultern. „Keine Ahnung. Ich werde mir was überlegen müssen. Vielleicht darüber, dass der *sindaco* zu einem Empfang für eine Regatta lädt und keiner weiß, wo. Es ist doch immer das gleiche in dieser Stadt. Wie oft mir das schon passiert ist! Und wenn ich das auf den Lohn umlege, den ich bekomme, dann bleibt praktisch nichts mehr übrig. Es ist wirklich eine Schande." Missmutig verstaute sie ihr Handy in der Hosentasche und schwieg. Ich versuchte sie aufzumuntern. Alessia lächelte, aber die steile Falte über der Nasenwurzel verriet, wie verärgert sie eigentlich war. Wir steuerten auf die Riva degli Schiavoni zu, während Alessia vor sich hinschimpfte und kein gutes Haar an der *Serenissima* ließ. Stumm hörte ich ihr zu. Mittlerweile wusste ich, dass die Menschen, die hier leben, ab und an ganz gerne über die Nachteile Venedigs klagen. Aber wehe, ein Fremder, der von außen kam, wagte es, sich negativ über die Stadt zu äußern. Schon waren alle Unannehmlichkeiten, die das Leben hier mit sich brachte, vergessen, und die Bewohner der *Serenissima* verteidigten ihre Heimat vehement gegen jede auch noch so berechtigte Kritik.

Nur wenige Tage später trafen wir uns erneut, wieder um eine Regatta zu beobachten, über die Alessia berichten sollte. Dieses Mal konnten wir allerdings sicher sein, sie nicht zu verfehlen, denn sie fand auf dem Canal Grande statt und war mittlerweile, wie zu erwarten, in erster Linie eine Touristenattraktion. Die *Regata storica*, bei der die festlich geschmückten Boote, viele davon historische Nachbauten, angeführt von einer Kopie des über vierzig Meter langen Dogenschiffes *Bucintoro*, den Canal Grande passieren, ist neben *Il Redentore* einer der festiven Höhepunkte des Jahres. Kein Wunder, dass sich rechts und links des Wassers die Menschenmassen drängten, um einen Blick auf die schwimmende Prozession zu erheischen. Ähnlich wie bei dem venezianischen *carnevale* handelt es sich auch bei diesem Fest natürlich inzwischen weitgehend um eine Inszenierung für die Touristen. Der ursprüngliche Gedanke, durch die bis ins 15. Jahrhundert zurückzuverfolgende Regatta die Lagunenstadt zu ehren, ist mittlerweile in den Hintergrund gerückt.

Gemeinsam mit Charlotte und Tim versuchte ich im Gedränge Alessia ausfindig zu machen, als Ilaria, meine ehemalige Mitbewohnerin, vor mir auftauchte. Sie trug wie immer ihre weiten Jeans, die dicken Turnschuhe und ein blaues Sweatshirt. Nachdem wir uns mit den üblichen Floskeln begrüßt hatten, interessierte es mich dann doch, ob es Neuigkeiten aus dem *casa dello studente* gab. „Und? Was macht das Leben im Wohnheim?" Ich sah sie neugierig an. „Keine Ahnung!", Ilaria zuckte mit den Schultern. „Ich bin ausgezogen. Ich wohne jetzt mit Simona beim Campo San Giacomo. Ich weiß nur, dass unsere *direttrice* inzwischen geheiratet hat." Gerade als ich antworten wollte, winkte Tim mir aus der Menge zu. Eben noch hatte er den Ruderbooten hinterhergesehen, die den verschiedenen historischen Bootsmodellen nachempfunden waren und von kostümierten Ruderern der traditionellen Clubs angetrieben wurden. Nun hatte er wohl Alessia ausfindig gemacht. „Ehrlich gesagt, es hat mich gewundert, wie lange du es dort ausgehalten hast."

„Ja, mich auch! Das weiß ich aber auch erst, seit ich da nicht mehr wohne!" Ilaria machte eine kurze Pause. „Komm uns doch mal in der neuen Wohnung besuchen." „Bestimmt!", sagte ich und wusste im selben Moment, dass ich mein Versprechen wahrscheinlich nicht halten würde. Die Musik um uns herum wurde lauter. Ich spähte über Ilarias Schulter in Richtung meiner Freunde. Von Tim war inzwischen nichts mehr zu sehen. „Ich muss mich beeilen, sonst verliere ich die anderen!" „Kein Problem, *ci vediamo in giro!"* Auch Ilaria war anscheinend nicht auf eine längere Unterhaltung aus. „Mach es gut!" „Du auch", erwiderte ich und wiederholte mit dem Brustton der Überzeugung: *„Ci vediamo in giro!"* Ein dankbarer Ausspruch, der nur in Venedig in diesem Maße Gültigkeit besitzt. „Wir sehen uns unterwegs", war hier mehr als nur eine Höflichkeitsfloskel, denn wie die Verabschiedung ausdrückte, würde man sich tatsächlich schon nach wenigen Tagen irgendwo wieder treffen, und so blieb es einem erspart, eine Verabschiedung zu finden, bei der man sein

Gegenüber nicht vor den Kopf stieß, wenn man darauf verzichtete, ein Widersehen vorzuschlagen.

Seit ich auf dem Lido lebte, hatte ich es mir zur Angewohnheit gemacht, regelmäßig joggen zu gehen. Als ich noch im Wohnheim wohnte, war ich nur einmal laufen gegangen, musste aber schnell feststellen, dass die vielen Brückchen, Touristen und die pfeifenden Bauarbeiter meine Joggingstunde in einen Hindernislauf verwandelten, weswegen ich erst einmal auf den Sport verzichtete. Inzwischen lief ich fast jeden Tag, früh morgens oder spät abends, hauptsächlich, weil ich nun den Strand vor der Tür hatte, die Promenade entlang, bog hinter dem *Excelsior* ab und kehrte, nachdem ich am Meer den öffentlichen Strand erreicht hatte, zurück in die Via Lepanto.

Zu dieser Zeit war der Strand menschenleer, ungestört von aufdringlichen Blicken joggte ich am Wasser entlang. Die Wächter schickten sich gerade an, die ersten *capanne*, die Strandhäuschen, zu öffnen, die sich hier dicht an dicht aneinanderreihten, um im Anschluss die Liegestühle aufzustellen und die Polster zu entsanden, auf denen sich schon wenig später zahlungskräftige Kunden in der Sonne aalen würden.

Dort wo der Privatstrand endete und die *spiaggia pubblica* begann, hatte jemand einen großen Berg aus angeschwemmten Ästen angehäuft. Als ich mich näherte, tauchte hinter dem Gehölz ein alter Mann auf. Er lief, nur mit Strohhut und roter Badehose bekleidet, den Kopf tief Richtung Boden geneigt durch den Sand. Ab und an beugte er sich vor, um Strandgut aufzusammeln. Als er sich aufrichtete und mit zusammengekniffenen Augen, über die er, um im grellen Sonnenlicht besser sehen zu können, eine faltige Hand hob, den Strand sondierte, fiel sein Blick auf mich. Ich wollte einen Bogen um ihn laufen, aber er machte erstaunlich behände einen Schritt in meine Richtung und versperrte mir den Weg.

„*Signorina, Buongiorno!*" Ich musste, wollte ich nicht unhöflich sein, wohl oder übel stehen bleiben. „Du bist aber früh unterwegs. Wohnst du hier auf dem Lido?", fragte er und fuhr, ohne eine Antwort abzuwarten, fort. „Schau mal, ich habe hier etwas für dich!" Er legte mir vorsichtig eine Muschel in die Hand und sah mich neugierig an. Dann stellte er sich als Antonio dei Rossi vor. „Das ist aber ein schöner Name", sagte ich. „Ja? Findest du?", er strahlte. „Kommt hier ganz häufig vor. Genau wie Scarpa und Vianello." „Vianello?", erkundigte ich mich jetzt doch ein wenig neugierig. „So heißt doch auch eine Romanfigur in einer bekannten Krimireihe, die in Venedig spielt!" „Ja?", er zuckte mit den Schultern. „Ich lese schon länger nicht mehr. Die Augen sind zu schlecht. Nur Fernsehen geht noch, wenn ich mich nah genug vor den Bildschirm setze." Während er munter drauflosplauderte, dachte ich über die italienischen Fernsehgewohnheiten nach. Die Italiener haben definitiv eine ausgeprägtere Fernsehkultur als wir Deutschen. In vielen Familien hängt sogar in der Küche ein Fernseher, damit es den Hausfrauen beim Kochen und Abwaschen nicht so langweilig wird. Oft kommt es vor, dass die TV-Geräte rund um die Uhr laufen. In Venedig, wo sich die Geräusche aufgrund des fehlenden Autolärms weiter übertragen als in anderen Städten, schallt ab und an der Klang der Fernseher lautstark durch die Gassen.

Obwohl mir immer wieder gesagt wurde, dass sich die Sprachkenntnisse enorm verbesserten, wenn man viel italienisches Fernsehen sah, verweigerte ich mich hier hartnäckig dieser Freizeitbeschäftigung. Irgendwie erschien es mir falsch, in Venedig vor dem Fernseher zu sitzen. Fernsehen passte nicht zur *Serenissima*. Genauso wenig wie der MC Donald's auf der Strada Nova oder der Burger King am Campo San

Luca, die mich jedes Mal aufs Neue irritierten, wenn ich die Einkaufsstraße Richtung Bahnhof entlanglief. Einmal hatte ich versucht, mich mit dem hiesigen Fernsehprogramm zu arrangieren, aber nachdem ich eine halbe Stunde einer italienisch synchronisierten Folge von Kommissar Rex gelauscht hatte, gab ich auf. Die ellenlangen Wetterberichte, während deren Verlauf mitunter Live-Schalten durch ganz Italien veranstaltet wurden (... und ich gebe weiter zu meiner Kollegin Antonella in der *Emiglia-Romagna*, wie ist denn das Wetter bei euch?") sorgten dafür, dass ich der italienischen Fernsehkultur endgültig frustriert den Rücken kehrte.

Ich betrachtete Antonio, der gerade seine faltigen Arme in die Höhe reckte. Es war ihm nicht einmal aufgefallen, dass ich ihm überhaupt nicht zuhörte. In der Hoffnung, weiterlaufen zu können, hatte ich den alten Mann mehrmals umrundet, aber gerade als ich mich umdrehen wollte, um davon zu joggen, öffnete er den Mund und sagte entwaffnend: „Wer weiß, wie lange ich noch lebe." Dann sah er mich erwartungsvoll an. „Welch geschickter Schachzug!" dachte ich, jetzt konnte ich nicht mehr anders, als stehen zu bleiben und mich von dem alten Mann in ein Gespräch verwickeln zu lassen. Nachdem Antonio einmal tief Luft geholt hatte, sprach er, eine volle halbe Stunde, ohne eine Pause einzulegen, in der es mir gelungen wäre, ihn zu unterbrechen. In dieser Zeit erfuhr ich nicht nur, dass seine Frau vor einiger Zeit gestorben, sondern auch, dass Antonio fünf Kinder hatte, die er nur selten sah, und dass er keineswegs religiös, sondern ein – wie er sich ausdrückte – „Freigeist" war.

Antonio blickte mich mit wachen Augen an. Er war merkwürdig vital für sein Alter, und man sah ihm noch deutlich an, dass er einmal ein gutaussehender Mann gewesen sein musste. Als ich es endlich schaffte, ihn in seinem Redeschwall zu unterbrechen, schaute er mich enttäuscht an. Ich bedankte mich bei ihm noch einmal für die schöne

Muschel, dann verabschiedete ich mich und lief davon. Inzwischen war es eigentlich schon zu heiß um zu joggen, mühselig hob ich die Füße und machte langsam Schritt für Schritt durch den warmen Sand. Bevor ich auf die Promenade abbog, drehte ich mich noch einmal um. Antonio hatte sich, den faltigen, nackten Oberkörper der Sonne entgegenreckend und die Beine am Maschendrahtzaun vertikal in die Höhe gestreckt, auf die niedrige Mauer gelegt, hinter der das Gelände des *Grand Hotel Des Bains* begann, und schien bereits eingeschlafen.

Seit diesem ersten Morgen begegnete mir der alte Mann regelmäßig auf meinen täglichen Runden am Strand. Ich war, da ich nun wusste, dass ich von Antonio einen Monolog epischer Länge zu erwarten hatte, allerdings vorsichtig geworden und lief, statt stehen zu bleiben, während unseres Gesprächs regelmäßig unruhig vor ihm auf und ab. Nach fünf Minuten bedeutete ich ihm, weiterzumüssen, und unterbrach das Gespräch konsequent, aber stets mit schlechtem Gewissen. Noch einmal würde es ihm nicht gelingen, mich für eine Stunde in seinen Fängen zu halten.

Antonio war nicht auf den Kopf gefallen und durchschaute meine Strategie bereits nach kurzer Zeit. Er reagierte umgehend darauf, indem er alles, was er zu sagen hatte, im Eiltempo vortrug und in die fünf Minuten stopfte, die ich ihm gewährte. Meistens wählte er ein Oberthema, das er konsequent ausbreitete, bis ich davonlief. Napoleons strategische Fehler im Stellungskrieg. Hitlers Verbrechen. Der Individualismus der Moderne. Martin Luther. Der Buddhismus. Es gab kein Gebiet, zu dem Antonio nichts zu sagen hatte. Nachmittags sah ich ihn manchmal von weitem, wenn ich an der *spiaggia pubblica* vorbei Richtung Hotel *Excelsior* lief. Langsam bewegte er sich von Handtuch zu Handtuch und hielt überall seine Vorträge. Insgeheim war ich ein wenig froh, nicht dort zu liegen. „Wer weiß schon, wie lange ich noch lebe", schallte es einmal leise, vom Wind getragen zu mir herüber. Dieser Fuchs! Ich lächelte. Um Antonio brauchte man sich anscheinend keine Gedanken zu machen, er hatte recht gut für sich gesorgt. Von morgens bis abends, am Strand mit hübschen jungen Frauen in Bikinis plaudernd, war sein Alltag wohl der Traum eines jeden Rentners.

Tatsächlich führen alte Menschen in Venedig, im positiven wie im negativen, ein anderes Leben als ihre Altersgenossen in Deutschland. Sie sind, so schien es mir zumindest, wesentlich besser in das städtische Leben integriert als bei uns. Zwar existiert in Italien viel weniger staatliche Absicherung, als es bei uns der Fall ist, dafür kümmern sich die Familienangehörigen zumeist rührend um die Großeltern, was grundsätzlich dem Bedürfnis der Italiener nach einem engen Kontakt zu ihrer Familie entgegenkommt. Auf der anderen Seite ist das Alltagsleben in Venedig für die Älteren ein recht kompliziertes Unterfangen, die zahlreichen Brücken erschweren es ihnen zum Beispiel, ihre täglichen Besorgungen zu erledigen und bei *acqua alta* sind all jene, die nicht mehr fit genug sind, auf den Hochwasserstegen entlangzubalancieren, in ihrer Bewegungsfreiheit ziemlich eingeschränkt. Angesichts dieser Tatsache ist es verwunderlich, dass es trotzdem so viele Greise hier gibt, ja dass Venedig fast schon eine Stadt der alten Menschen ist, denn die Jüngeren zieht es regelmäßig fort. Oftmals kehren sie später in ihre Heimatstadt zurück, um hier zu leben, aber eben dann, wenn auch sie langsam alt werden, so dass sich der Altersdurchschnitt insgesamt nicht wesentlich senkt.

Im September allerdings wird diese Stadt „der Alten" zum Schauplatz der Schönen, Jungen und Reichen. Dann findet auf dem Lido das jährliche Filmfest statt, zu dem internationale Stars und Sternchen in die Lagunenstadt reisen. Dass das Filmfestival regelmäßig im Herbst alle wichtigen Filmschaffenden zur Biennale zieht, mag daran liegen, dass

Venedig wie kaum eine zweite Stadt den Charakter einer Filmkulisse besitzt. Während der *Biennale di Cinema* sind das *Excelsior* und das *Grand Hotel Des Bains* von Regisseuren und Schauspielern belagert, da die Wettbewerbsfilme im Casino gezeigt werden, das sich direkt an der Strandpromenade befindet, während zeitgleich öffentliche Filmvorführungen auf den Plätzen Venedigs stattfinden. Auf dem Campo Santo Stefano etwa wird eine große Leinwand aufgebaut, vor der sich abends das neugierige Publikum unter dem dunklen Sternenhimmel versammelt. Wer nicht davor zurückscheut, sich stundenlang anzustellen, kann auch Karten für die Wettbewerbsfilme auf dem Lido ergattern, alle anderen müssen sich darauf beschränken, am Rande des Teppichs die vorbeiflanierende Prominenz zu bewundern, oder sich am Strand niederlassen, in der Hoffnung, hier das ein oder andere bekannte Gesicht zu entdecken.

In den Monaten vor dem Filmfest hingegen gehörte der Lido den Rentnern. Da die *pensionati* Unmengen an Zeit haben, verbringen viele von ihnen, so wie Antonio, den lieben langen Tag am Strand. Im Gegensatz zu anderen Badeorten, in denen die Einwohner mit ihren Handtüchern ans Wasser laufen, um sich ein freies Plätzchen zu suchen, legen sich die meisten Venezianer allerdings nicht einfach in den Sand. Sie mieten sich für die Saison eine *capanna*, eines jener weißen zeltartigen Häuschen, die einen Großteil des Strandes säumen. Die *capanne* sind vielleicht zwei Meter breit und fünf Meter lang und bestehen aus einer Umkleidekabine, einer überdachten Vorterrasse mit hölzernem Boden und einem Sonnendach, das sich ein Stück über den Sand spannt und das an Pfählen festgebunden ist, die zuvor tief in die Erde gesteckt wurden.

Auch die Eltern von Filippo und Mattia hatten hier ihre *capanna*, vor dem *Hotel Excelsior*, etwas rechts außen und in der zweiten Reihe. Eine Hütte mit direktem Meerblick ist deutlich kostspieliger als die hinteren Kabinen und die *capanne* an den Privatstränden sind mit einigen tausend Euro pro Saison ohnehin schon unbezahlbar, weshalb viele Venezianer sie mit ihren Freunden teilen. Das erste Mal, als ich Mattia und Filippo dort besuchte, die mich netterweise zum Sonnen an den Strand eingeladen hatten, um Antonio aus dem Weg zu gehen, brauchte ich eine Ewigkeit, bis ich das richtige Häuschen gefunden hatte, denn die *capanne* sind zwar den Abschnitten nach durchnummeriert und nach griechischen Sagengestalten benannt, Phönix zum Beispiel oder Hyperion, ansonsten aber sehen sie alle gleich aus. Nur an den Dächern lassen sie sich unterscheiden, denn während die *capanne* vor dem *Grand Hotel Des Bains* mit Stroh bedeckt sind, thront vor dem *Excelsior* auf jeder Zeltspitze eine gläserne Kugel.

Nachdem ich die beiden Brüder begrüßt und eine Weile im Meer gebadet hatte, machte ich mich auf den Weg, das Salzwasser abzuwaschen. Die Außenduschen hatten, anders als in regulären Freibädern, warmes Wasser, mit dem man sich die Chemikalien, die aus den Fabriken des Industriehafens Porto Marghera an den Lido-Strand gespült wurden, von der Haut waschen konnte. Vor den Kabinen standen Liegen aus dunklem Holz, auf denen weiße Laken ausgebreitet in der Sonne lagen. Nackenrollen und Handtücher aus grünem Frottee luden dazu ein, sich umgehend fallen zu lassen und nie wieder aufzustehen. Zum Hotel hin spendeten Rasenflächen und Pflanzen Schatten. Zurück auf der Liege beobachtete ich die am Ufer vorbeilaufenden Spaziergänger. Es war ruhig an diesem Abschnitt des Strandes, gestört wurde man nur ab und an von einem der fliegenden Händler, die ihre Ware feilbietend den Strand abliefen. Ich ließ den Blick über die *capanne* gleiten, vor denen gutsituierte Hotelgäste und die venezianische Oberschicht eine kühle Brise genossen, die vom Wasser herüberwehte und die Hitze, die im Sommer in der Stadt herrschte, erträglicher machte. Hier lagen weder die Gruppen älterer, üppiger Hausfrauen noch jene halbstarken Typen mit Goldkettchen, von denen die *spiaggia pubblica* bevölkert wurde. Statt dicht gedrängt unter dem rostroten Stahlgebäude, das den öffentlichen Strand ziert, Handtuch an Handtuch mit einer schwitzenden Menge vor sich hin zu vegetieren, hatte man vor den großen Hotels Platz und Ruhe. Der schädliche Schaum, der Plastikmüll, der bei ungünstiger Strömung auf den Wellen am Ufer auf- und abschaukelt, aber kontrastiert die luxuriöse Kulisse und erinnert daran, woran Venedig möglicherweise wirklich untergeht, wenn wir Menschen uns nicht umsichtig genug um den Erhalt dieses einzigartigen Bauensembles und UNESCO-Weltkulturerbes kümmern.

Ein paar Möwen kreischten. „Siehst du dort oben den Pool?" Mattia zeigte Richtung Terrasse. „Dort haben wir als kleine Jungs schwimmen gelernt." Er zog seine Liege etwas in den Halbschatten. Ich richtete mich ein wenig auf und blickte erst zum Schwimmbad hinüber, dann ließ ich den Blick Richtung Ufer schweifen, an dem ein *paparazzo* mit hochgekrempelten Hosenbeinen im Wasser auf und ab watete. Er schien auf ein lohnenswertes Motiv zu warten, aber niemand ließ sich am Strand blicken. „Hast du hier schon mal jemand Bekanntes getroffen?", fragte ich Mattia, aber er zuckte nur gleichgültig mit den Schultern. „Ab und an, aber nicht oft. Ich achte aber auch nicht darauf, mich interessiert das alles nicht so sehr. Wenn überhaupt, dann hätte ich den Lido gerne früher mal gesehen, zur Zeit Luchino Viscontis zum Beispiel. Meine Großmutter ist eine Zeitlang Viscontis Assistentin gewesen, als sie hier *Der Tod in Venedig* gedreht haben, und hat früher viel von den Dreharbeiten gesprochen. Hast du den Film gesehen?"

„Sicher." Ich drehte mich zu Mattia, damit er mir das was ich sagte, besser vom Gesicht ablesen konnte. „Der Film ist unglaublich. Wie sorgsam und detailverliebt Visconti jede Szene arrangiert hat. Da ist jedes Bild ein bewegtes Gemälde. Was hat deine Großmutter denn über den Dreh erzählt?" Mattia setzte sich auf seiner Liege auf. „Sie hat meistens von dem Tag erzählt, an dem sie selbst als Statistin mitwirken durfte. Visconti, der dafür bekannt war, ein absoluter Perfektionist zu sein, hat die Statistenrollen nicht mit Schauspielern, sondern mit venezianischen Adeligen besetzt. Meine Großeltern bekamen also die einmalige Chance, von einem der besten Regisseure, die wir je gehabt haben, in Szene gesetzt zu werden, und saßen, als es so weit war, mit ihren Bekannten im *Grand Hotel Des Bains*, während Visconti die Anweisungen erteilte. Allen hat er genaue Instruktionen gegeben, den Schauspielern, die die Kellner gespielt haben, hat er bis ins Detail vorgeschrieben, wie sie sich bewegen sollten. Nur zu meinen Großeltern und den anderen venezianischen *nobili* hat er gesagt: ‚Und Sie, seien sie einfach Sie selbst!'" Mattia lachte. „In welcher Szene sieht man die beiden denn?" „Keine Ahnung", Mattia zuckte gleichgültig mit den Schultern „um ehrlich zu sein, ich habe den Film noch nie gesehen". Mich verwunderte diese Antwort nicht, denn wer in Venedig aufgewachsen ist, der ist daran gewöhnt, dass die *palazzi* als Filmkulisse dienen, Kameras gehören zum Stadtbild genau wie die *paparazzi*, die während der Filmfestspiele die Stars von Booten aus jagen, im Wettkampf um den besten Schnappschuss.

Abends war ich mit Tim und Charlotte am Markusplatz verabredet, aber als ich zwanzig Minuten zu spät dort eintraf, konnte ich keinen der beiden entdecken. Ich setzte mich auf die Stufen, holte mein Buch aus der Tasche und begann zu warten. In Venedig nahm man es mit der Pünktlichkeit nicht so genau, da die Boote oftmals ein wenig länger brauchten als gedacht und auch andere Begebenheiten es einem erschweren konnten, rechtzeitig am vereinbarten

Ort zu erscheinen. Ein Leben in Venedig erfordert Zeit und Geduld, denn hier wird man, ob man will oder nicht, in seinem Lebenstempo entschleunigt. Nach einer Weile stand ich auf und schlenderte über die Piazza, die befreit von den Menschenmassen die sie tagsüber heimsuchen, ihre gesamte Strahlkraft ungestört entfalten konnte.

Ich lief gerade an der Basilica vorbei, als ich eine SMS von Tim bekam. „Sind im *Caffè Florian*." Verwundert blickte ich auf den Text. Das berühmte *caffè* auf dem Markusplatz gehörte nicht unbedingt zu den Orten, die wir regelmäßig frequentierten. Es war ein Touristenmagnet und noch dazu völlig überteuert. Da wir seit Monaten bemüht waren, uns von den Sehenswürdigkeitsjägern zu unterscheiden, mieden wir das *Florian*, vor dem Abend für Abend das Orchester um die Wette spielte. Was nur hatte die beiden dazu bewogen, ausgerechnet dort auf mich zu warten? Ich lief die Prokuratien entlang bis zum Eingang des *caffès*, in dem eine private Veranstaltung stattzufinden schien. Schon von draußen sah ich Tim und Charlotte, wie sie mir hinter den Scheiben, jeder mit einem Glas in der Hand, zuwinkten und dem Türsteher, der wohl eigens für diesen Anlass engagiert war, ein Zeichen gaben, mich hineinzulassen. Es dauerte eine Weile, bis ich mich zu ihnen vorgekämpft hatte. „Eine echte Filmpremierenparty, ist das nicht toll?", Charlotte strahlte. „Ja, schon, aber wie seid ihr denn hier reingekommen?" Die beiden wechselten einen Blick. „Das fragst du noch?", Tim verdrehte die Augen. Dann machte Charlotte mit dem Kopf eine Bewegung Richtung Nebenraum, in dem Nino und Giuliano auf den roten Samtbänken saßen und sich prächtig zu amüsieren schienen.

Ende September war der ganze Filmfest-Spuk vorbei. In Venedig kehrte Ruhe ein und auch am Lido-Strand wurde es zunehmend friedlicher. Ich lag wieder einmal vor der *capanna* meiner Freunde in der Sonne und träumte vor mich hin, als ein Schatten auf mein Gesicht fiel. Vor mir stand ein Junge, vielleicht siebzehn oder achtzehn Jahre alt. Er schien zu jenen illegalen Verkäufern zu gehören, die mit ihrer Ware den Strand auf und ab laufen, denn er war mit gefälschten Markentaschen behängt, die er mir auffordernd entgegenstreckte.

In Venedig existiert neben dem Tourismus eine Art illegale Parallel-Ökonomie. Überall in der Stadt sieht man senegalesische Taschenverkäufer, die *vucumprà*, so der abfällig bis rassistische Spitzname der Einheimischen, die zwischen Bahnhof und Markusplatz gefälschte Handtaschen von Chanel, Louis Vuitton und Tod's verkaufen, die sie sorgfältig auf weißen Laken ausgebreitet haben. Dass die Senegalesen auf der Calle Larga XXII Marzo Gucci-Taschen, die bis ins kleinste Detail aussehen wie das Original, direkt vor dem Schaufenster von Gucci verscherbeln, ärgert verständlicherweise die Inhaber der Nobelmarken, ist aber darauf zurückzuführen, dass das italienische Recht keinen Unterschied darin sieht, ob eine Tasche nur eine erkennbare Nachahmung des Produkts und somit eine sichtbare Fälschung ist oder eine originalgetreue Kopie. Beides ist illegal, mit Letzterem lässt sich aber mehr Geld verdienen. Und Risiko muss sich schließlich lohnen. Oft konnte ich beobachten, wie die Verkäufer, sobald die Polizei auftauchte, ihre Laken zusammenrafften, ihre mobilen Ladenflächen wie einen Beutel über die Schulter warfen und, die *poliziotti* dicht auf den Versen, in hohem Tempo in eine Seitengasse einbogen.

Bis heute weiß ich nicht genau, weshalb ich mir die Taschen an diesem Tag genauer ansah, denn ich hatte keinesfalls vor, eine der *borse* zu kaufen. „Was kosten die?", fragte ich mehr aus Spaß, aber der Junge stieg sofort darauf ein. „Neunzig Euro", sagte er. „Was?" Ich winkte desinteressiert ab. „Dafür bekomme ich ja fast ein Original!" Er ging mit dem

Preis runter. „Achtzig! Das ist echtes Leder! Fühl mal!" Ich konterte. „Das bezweifle ich, ihr besprüht diese Plastiktaschen doch mit einem Spray, das nach Leder riecht!" „Fünfundsechzig!", rief er, was für mich einem Eingeständnis gleichkam. Ich tat, als wollte ich das Gespräch beenden. Langsam begann mir das Feilschen Spaß zu machen. Ich hatte immer angenommen, dass ich völlig untalentiert darin sei, Preise herunterzuhandeln, aber offenbar war das ein Trugschluss, denn mittlerweile waren wir bei fünfzig Euro angelangt. „Also", fuhr ich fort, „ich habe schon abends, wenn ihr zusammengeräumt habt, Taschen für fünfzehn Euro das Stück bekommen!" Das war dreist gelogen, aber einen Versuch war es wert. „Das stimmt nicht!", rief der Junge, und seine Stimme überschlug sich vor Aufregung. „Aber ausnahmsweise, weil du es bist, gebe ich sie dir für dreißig Euro!" „Fünfundzwanzig, das ist mein letztes Wort!"

„Na gut!" Der Junge hielt mir die Taschen hin. „Such dir eine aus." Jetzt war der Moment gekommen, an dem ich ihm erklären musste, das ich eigentlich überhaupt keine seiner Taschen haben wollte, zumal der Kauf gefälschter Markenware Unannehmlichkeiten bescheren konnte, aber ich brachte es einfach nicht übers Herz. Selbst schuld, dachte ich, schließlich wusste ich doch nur zu gut, dass in Venedig kein Vergnügen gratis ist.

Oktober

*... in dem ich auf die Giudecca ziehe, einen Ausflug in
die venetischen Weinfelder mache und die Nacht auf
Rilkes Spuren in einem verschlossenen Park verbringe.*

ANFANG OKTOBER kündigte uns der Vermieter, Signor
Barnabò, überraschend unsere Wohnung auf dem Lido. Die
Gründe dafür waren so fadenscheinig wie undurchsichtig.
In feinstem Deutsch hatte er mir die Nachricht auf dem An-
rufbeantworter hinterlassen. Da wir aber keinen Mietvertrag
hatten, sondern, wie in Venedig oft der Fall, per mündlicher
Vereinbarung hier eingezogen waren, mussten wir wohl oder
übel unser Apartment räumen. Dass uns nur eine Woche
blieb, um eine neue Unterkunft zu finden, machte unsere
Lage kompliziert, denn in Venedig war es nahezu unmöglich, innerhalb dieses kurzen Zeitraums die feste Zusage für
ein neues Apartment zu bekommen. Glücklicherweise fanden wir über Umwege innerhalb von drei Tagen ein kleines
Haus auf der Giudecca, das wir, so zumindest das mündliche
Versprechen, bis zu unserer Abreise im Januar, wenn die
Seminare an der Uni endeten und wir alle drei nach Hause
fahren würden, bewohnen konnten.

Die Giudecca, ursprünglich das Armenviertel der Stadt,
hat sich in den letzten Jahren zu einer beliebten Wohn-
gegend entwickelt. Der Schauspieler Ulrich Tukur und der
Designer Phillip Starck besitzen hier ein Haus, und man
munkelt, dass sogar Elton John zu den Nachbarn zählt. Einzig der Unternehmer Giuseppe Cipriani hatte, seiner Zeit vor-
aus, bereits Ende der 1950er Jahre die Vorteile der Giudecca

erkannt und unweit der Chiesa San Giorgio Maggiore ein Luxushotel eröffnet, das bis heute seinen Namen trägt. Seit schließlich die ebenfalls von ihm gegründete, legendäre *Harry's Bar* vor einigen Jahren am anderen Ende der Promenade auch noch einen Ableger namens *Harry's Dolci* eingerichtet hat, scheint die Giudecca endgültig zu den etablierten Ecken der Stadt zu gehören. Dennoch hat sie sich erstaunlicherweise bis heute einen Großteil ihrer Ursprünglichkeit bewahrt.

Für venezianische Verhältnisse modern eingerichtet, besaß unser ungefähr in der Mitte der Insel gelegenes neues Zuhause ein großes Wohnzimmer mit offener Küche im Erdgeschoss und zwei Schlafräume, die im oberen Stockwerk lagen. Da wir uns nicht einigen konnten, wer das Einzelzimmer bekommen sollte, zogen wir Lose, und ich erhielt den Zuschlag für die *camera singola*.

Von der Insel aus eröffnete sich mir eine völlig neue Perspektive auf Venedig. Statt am Strand zu joggen, wanderte ich von nun an nachmittags durch die Gassen und überquerte die Giudecca. Während dieser Spaziergänge stellte ich fest, dass das Leben, die ganze Atmosphäre, die Geräusche und Gerüche in den Straßen, aber auch die Menschen, die mir im *Coop* beim Einkaufen begegneten, sich von denen die ich vom Lido kannte deutlich unterschieden, und mir fiel, als ich in den immer noch recht unberührten Alltag der Giudecca eintauchte, einmal mehr auf, wie viele verschiedene „Venedigs" parallel nebeneinander existierten, einander überlagerten, sich teilweise überschnitten, ohne dass sich die Menschen, die sich in ihnen aufhielten, wirklich begegneten. Als Fremder hingegen ist man ein Grenzgänger, denn nur lose in die venezianische Gemeinschaft integriert, lässt es sich leichter zwischen den verschiedenen Mikrokosmen der Stadt hin und her wechseln.

Noch war Herbst, bald schon würde es kalt werden, zu

kalt, um weiterhin stundenlang durch die Stadt zu flanieren. Ich betrachtete die warmen Töne, die von der Sonne auf die Mauern geworfen wurden. Hier also hatten die venezianischen Maler, Tizian, Tiepolo und Tintoretto ihre Farben her. Trotz der Zeit, die ich nun schon in Venedig verbracht hatte, kannte ich immer noch nur einen Bruchteil der Inseln, die sich um die Stadt herum in der Lagune gruppieren, und auch das Umland, in das ich seit dem Besuch bei Alessandros Großmutter keinen Ausflug mehr unternommen hatte, war immer noch ein weißer Fleck auf meiner inneren Landkarte. Eines Oktobermorgens kramte ich daher die Telefonnummer hervor, die mir auf meiner Hinreise im Zug der Ingenieur aus Bozen zugesteckt hatte, dann gab ich mir einen Ruck und wählte die Nummer seines Bekannten, der in der Nähe von Treviso ein Weingut führte. Ich war erleichtert, als sich Floriano, der Winzer, am anderen Ende der Leitung sofort bereit erklärte, mir eine Führung über das Gelände zu geben. „Und du kriegst auch ein Abendessen hinterher", versprach er, nachdem wir uns für das kommende Wochenende verabredet hatten.

Am Samstagnachmittag machte ich mich auf den Weg ins Veneto. Während ich aus dem Fenster blickte, lehnte ich mich gegen die blauen Polster des Regionalzuges Richtung San Donà di Piave. Noch schimmerten die Reben der Weinfelder goldgrün in der Herbstsonne. In San Donà, das circa eine halbe Stunde von Venedig entfernt in flacher, venetischer Landschaft liegt, stieg ich aus dem Zug.

Auf dem Parkplatz, wo mich der *vignaiolo*, der Winzer, abholen sollte, war niemand zu sehen. Ich wollte mich gerade auf eine steinerne Bank setzen, als ein blauer Wagen um die Ecke bog und abrupt vor mir zum Stehen kam. „Entschuldige bitte, ich war auf einem Segelboot vor Caorle und wir haben etwas länger gebraucht, bis wir zurück an Land waren." Ich blickte auf die Uhr. „Nicht mal fünf Minuten zu spät, für italienische Verhältnisse ist das doch geradezu über-pünktlich", erwiderte ich und stieg ein.

Während wir Richtung Weingut fuhren, betrachtete ich meinen Gastgeber von der Seite. Er war nur wenig älter als ich, schien sich aber schon einige Zeit um das Weingut zu kümmern und ganz darin aufzugehen denn er wusste viel über das Gut und die Umgebung, in der zahlreiche mittel-ständische und große Unternehmer ansässig waren. „Das Veneto ist, wie Venedig selbst, eine wohlhabende Region", er-klärte er mir, während wir auf einen provisorisch angelegten Feldweg abbogen und vor einem herrschaftlichen alten Haus hielten, von dessen hellgelber Farbe sich die türkisfarbenen, im Verlauf der Jahre verblichenen Fensterläden abhoben, was dem ganzen Gebäude einen besonderen Charme ver-lieh. „Da sind wir, willkommen bei uns zu Hause. Willst du ein Wasser? Ich muss kurz meine Sachen nach oben brin-gen und bin gleich zurück", rief er und verschwand im hin-teren Teil des Hauses, während ich in der Küche wartete, die von einem glänzenden Holztisch dominiert wurde, auf dem neben zahlreichen Weinflaschen allerlei Krimskrams stand. Offensichtlich war dieser Tisch das Herzstück des Hauses, dessen Räume sich im Halbdunkel des Flurs, den ich hinter der geöffneten Küchentür erkennen konnte, nur erahnen ließen. Ich blickte aus dem Fenster hinaus auf die noch grü-nen Baumwipfel des Parks, durch den wir, nachdem Floria-no zurückgekehrt war, einen Spaziergang machten.

In einiger Entfernung der Villa liefen wir an einem alten umgestürzten Baum vorbei, gegen dessen bemooste Rinde jemand eine Bank gelehnt hatte. „Der ist einfach umgefallen irgendwann", erklärte Floriano. „Die Bäume werden in die-ser Gegend meistens nicht älter als zweihundert Jahre. Wir befinden uns hier nur etwa neun Meter über dem Meeres-spiegel, und wenn die Wurzeln zu weit nach unten gewach-sen sind und auf das Grundwasser stoßen, dann fallen sie um. Das habe ich zumindest gehört. Mein Vater ist allerdings der Meinung, dass es eigentlich nicht daran liegen kann. Vielleicht hat das Baumsterben also auch ganz andere Gründe. Dort drüben ist übrigens genau das Gleiche passiert, was auch immer letztendlich dafür verantwortlich ist." Floriano zeigte auf die Überreste eines Tempels. Ein stiller Ort, der noch als Ruine dazu einlud, sich in unmittelbarer Nähe eine Weile niederzulassen. „Da hat meine Urgroßmutter ihren Tee getrunken, bis der Baum ganz in der Nähe umfiel. Jetzt ist der Tempel hinüber, schade eigentlich."

„Wenn ich das also richtig verstehe, bist du hier aufgewachsen?" Ich blickte mich um. Es war bestimmt schön, als Kind einen solchen Park zum Spielen zu haben, vor allem dann, wenn man ihn ganz für sich allein hatte. „Ja. Gemeinsam mit meinen Eltern und meinen Geschwistern." Florian nickte und lief weiter. „Und was ist das dort?" Ich hatte einen Erdhügel erblickt, in dessen Zentrum sich ein Eingang befand, der von einem Band versperrt wurde. „Das war der Eiskeller. Im Winter hat man dort die Lebensmittel gelagert. Als Kinder haben wir die Mädchen hineingelockt, um sie zu erschrecken." Wir liefen an einem Seerosenteich vorbei über eine schmale Holzbrücke, bis wir auf der anderen Seite des Hauses an einem Weinfeld angelangten. „Das ist ein Weinlehrpfad", erklärte Floriano nicht ohne Stolz. „Hier kann man die verschiedenen Rebsorten begutachten." Er zeigte auf die niedrigen Rosensträucher, die vor jeder Rebzeile aus dem Boden wuchsen. „Die Blumen pflanzt man vor den Wein, weil sie ein guter Indikator sind. Sie werden von ähnlichen Schadstoffen befallen wie die Reben. Wenn es also den Rosen schlecht geht, dann sehe ich, dass auch der Wein in Gefahr ist, und kann etwas unternehmen. Früher hat man auch geglaubt, dass der Duft der Rosen auf das Bouquet des Weines abfärbt. Aber das ist Unfug."

Nachdem wir Richtung Weinkeller abgebogen waren, wo

er mir die Etikettiermaschine und die Stahl- und Holzfässer zeigte, in denen der Wein gelagert wurde, passierten wir den Gemüsegarten, der ursprünglich dort angelegt worden war, weil zum Weingut Rechsteiner auch ein *agriturismo* gehörte. Um sich in Italien als solcher bezeichnen zu dürfen – und auch in den Genuss staatlicher Fördermittel zu kommen –, war es wichtig, sechzig Prozent aller Lebensmittel, die in dem Gasthaus verwendet wurden, selbst anzubauen. „Das sind Kiwi-Pflanzen", hörte ich Floriano hinter mir sagen. Er deutete auf eine Reihe schlanker Bäumchen. „Von denen gibt es männliche und weibliche, das wissen die meisten nur nicht."

Wenig später saßen wir unter den dunklen Holzbalken im *agriturismo* beim Abendessen, und ich nutzte die Gelegenheit, Floriano weiter über das italienische Landleben auszufragen. Als ich mich nach Spezialitäten aus der Region erkundigte, deutete er auf eine Schale, die neben ihm auf dem Tisch gestanden hatte und in der gewürfelter Käse, Shrimps und Brotwürfel lagen. „Hier, den musst du mal versuchen, das ist ein Käse mit Geschichte. Er heißt *Ubriaco*, besoffener Käse." Floriano hob mir die Schale hoch, die mit dem gleichen Muster versehen war wie die Teller, die zur Dekoration über dem Kamin hingen. „Besoffener Käse?", fragte ich und probierte ein Stück *formaggio*. Floriano nickte, nahm sich auch ein Stück und schob die Schale, die er inzwischen auf dem Tisch abgestellt hatte, erneut in meine Richtung. „Der *Ubriaco* ist eine Spezialität aus der Region. Er ist eigentlich nur durch einen Zufall entstanden. Während des Ersten Weltkrieges hat das österreichisch-ungarische Militär nach seinem Durchbruch nur ein paar Tage gebraucht, um bis hierher an die *Piave* vorzudringen. Die Menschen in der Gegend waren zu diesem Zeitpunkt bereits in einer schwierigen Lage, weil sie sich selbst und ihre Soldaten mit Lebensmitteln versorgen mussten. Als dann

auch noch der Feind kam und ihnen einen Großteil der Er-
zeugnisse wegnahm, wurde die Situation ziemlich heikel."

„Weil es ihnen nicht gelungen ist, die Lebensmittel vor
den feindlichen Soldaten zu verstecken?" Ich fischte mir ein
paar Trauben aus der Schale, während Floriano Marta, dem
guten Geist des Hauses, bedeutete, uns einen Weißwein
zu bringen. „So ungefähr. Die Bauern hier haben ja in Groß-
familien gelebt. Deswegen mussten sie immer viele Vorräte
für den Winter horten. Auf die waren sie angewiesen und
konnten sie nicht einfach so den Plünderern überlassen.
Irgendwann ist deswegen ein Bauer auf die Idee gekommen, eine Reihe von Käselaiben in gärender Maische zu verstecken."

„Aber hatte er denn keine Sorge, dass der Käse hinterher verdorben sein könnte?" „Geschmack war angesichts der
prekären Situation zweitrangig. In erster Linie ging es wohl
darum, nicht zu verhungern. Zufällig hat sich dann heraus-
gestellt, dass der Käse nach seinem unfreiwilligen Bad im
Merlot und Cabernet ganz besonders gut geschmeckt hat.
Und deswegen heißt der besoffene Käse heute *Ubriaco*." „Der
ist in der Tat nicht schlecht", befand ich und nahm mir noch
ein Stück. „Ich hab den vorher noch nie gegessen."

Florian hob vorsichtig den Wein von einem Tablett, das
Marta ihm im Vorbeigehen hinhielt. „Es gibt nicht viele Leute, die diesen Käse machen. Hier in der Nähe ist es vor allem Antonio Carpenedo, der aus einer richtigen Käsepro-
duzentenfamilie stammt." Ein junger Hund mit hellem Fell
war Marta gefolgt und tapste nun zu unserem Tisch. „Der
ist uns zugelaufen." Florian reichte mir das Glas. „Oder so
etwas in der Art. Unsere vier Hunde sind nachts immer dort
drüben in der Scheune eingesperrt. Und eines Morgens, als
wir aufgeschlossen haben, da waren es auf einmal fünf.
Irgendwer hat den armen Kerl hier einfach dazugesteckt, in
der Hoffnung, wir würden ihn behalten."

Mittlerweile war Marta mit der Vorspeise zu unserem Tisch zurückgekehrt. „Ist das, was wir hier essen, alles aus eigener Herstellung?" Ich blickte auf die gemischten *antipasti*. Der Koch hatte gefüllte Zucchini, Kürbisblüten und Hühnersalat sorgsam auf den Tellern drapiert. „Ja, fast alles, was hier verwendet wird, kommt von unserem Hof, bis auf kleinere Ausnahmen. Die Antipasti sind aber definitiv von uns und das Huhn auch."

Draußen wurde es langsam dunkel und still, so still, wie es in der nächtlichen Stadt niemals wird, nicht einmal in Venedig. Wenig später verabschiedeten sich die letzten Gäste, und auch für mich war es Zeit, das Gut Rechsteiner zu verlassen und in die Lagune zurückzukehren. Floriano brachte mich durch die Dunkelheit zum Bahnhof nach San Donà. Als ich in den Zug heimwärts Richtung Venedig stieg, war ich nicht nur um das Wissen reicher, dass, so malerisch und romantisch das italienische Landleben mitunter auch wirkt, die Menschen, die hier wohnten, viel Herz und viel Einsatz zeigen mussten, damit solch abgelegene, zauberhafte Plätze auch weiterhin existieren können, sondern ich wusste auch, dass ich ganz bestimmt wiederkehren würde.

Seit jenem Märztag, an dem wir von Lorenzo das Vierklassensystem erklärt bekommen hatten, waren Charlotte und ich darum bemüht, alles zu vermeiden, was uns noch mehr nach Touristen aussehen ließ, als wir es mit den blauen Augen und den blonden Haare ohnehin schon taten. Verboten war daher vor allem, Trödel bei Straßenhändlern zu kaufen, langsam und gemächlich die Stadt zu durchqueren, staunend und mit offenem Mund die Häuser zu betrachten, sich in eine Warteschlange einzureihen und *Latte macchiato* zu trinken, was, wie uns Alessia naserümpfend mitteilte, nur die Deutschen machen und in Venedig somit als besonders verpönt galt.

Monatelang hatten wir daher auch die japanischen Reisegruppen belächelt, die sich zu acht in eines der historischen Holzboote zwängten, und die verliebten Honeymoon-Pärchen, die sich, in den Mond starrend, durch die Kanäle chauffieren ließen, mit spöttischen Blicken bedacht. Jetzt aber, da aus dem Herbst langsam Winter wurde und auch die Gondelsaison bald ein Ende finden würde, beschlich uns auf einmal das Gefühl, doch etwas zu verpassen. Charlotte, die auf ihrem täglichen Weg zur Uni die Bekanntschaft eines Gondoliere gemacht hatte, gelang es, ihn zu überreden, uns eine kurze Runde gratis zu fahren, und so ruderte er uns eines Abends auf lilafarbenen Samtkissen sitzend über das dunkle Wasser Richtung Canal Grande.

Mattia und Filippo hatten sich, als wir ihnen im Vorfeld von unserer Gondelfahrt erzählten, wenig begeistert gezeigt. „Passt auf mit den Gondolieri, die sind dafür berüchtigt, Frauen gegenüber nicht unbedingt zimperlich zu sein." Ich musterte den Gondoliere, der gerade zufrieden auf Charlotte hinunterschaute, während er mit uns in einen Seitenkanal einbog und dabei kräftig mit dem *remo*, wie das Ruder der Gondel heißt, in das Wasser stieß. Eigentlich wirkte er recht harmlos. Trotz der anstrengenden Tätigkeit geriet er nicht ein einziges Mal außer Atem, während wir die Stadt von der Wasserseite aus erkundeten. Zügig glitten wir unter den von Haus zu Haus gespannten Leinen hindurch, an denen weit über uns während der Nacht die Wäsche zum Trocknen hing.

„Dort drüben seht ihr die Rückseite und den Hintereingang der berühmten Oper *La Fenice*", erklärt er uns voller Stolz. „Hier kommen per Boot sehr bekannte Sänger an." Das *La Fenice* kannten wir, wenn auch nur von der Vorderseite des Gebäudes aus, denn schon im August hatten Charlotte, Rosalie und ich Tickets für eine jener Vorstellungen gekauft, die in den Sommermonaten die Pause zwischen den regulären Spielzeiten füllten und die, wie so vieles, das die Venezianer für Touristen anbieten, generell von minderer Qualität sind. Was wir sahen, war ein Medley aus den populärsten Opern, vorgetragen vor der charakterfreien Fassade des perfekt sanierten Theaters, von dem zu unserer Enttäuschung keinerlei Atmosphäre ausging. Nach dem alles vernichtenden Brand 1996 war von der Ursprünglichkeit des *Gran Teatro La Fenice di Venezia* nichts übrig geblieben als eine perfekt restaurierte Bonboniere.

Leise glitt unsere Gondel durch die dunklen Kanäle, so dass wir eine Ahnung davon bekamen, wie es in Venedig gewesen sein musste, als noch kein Lärm der Motorboote die Stille zerschnitt und man sich grundsätzlich in Gondeln über das Wasser bewegte. Heute fährt niemand mehr, der hier lebt, eine *gondola*, das luxuriöse Boot ist aus dem Privatbesitz verschwunden. Von den einst ca. zehntausend Gondeln, die die Wasserstraßen bevölkerten, sind nur noch ungefähr vierhundert übrig geblieben. Das liegt unter anderem daran, dass die Gondeln, die heute nur noch in wenigen Werkstätten, zum Beispiel hinter dem Campo San Trovaso, hergestellt werden, so viel kosten wie ein Neuwagen. Die Venezianer sind daher auf die schnelleren Motorboote und die öffentlichen Verkehrsmittel umgestiegen, eine Gondel besteigen sie nur, wenn sie den *traghetto*-Service nutzen, der sie für ein paar Cent von einer Seite des Canal Grande zur anderen transportiert.

Ob die Venezianer wissen, was sie verpassen? Die gefühlte Kluft zwischen einer Fahrt in der Gondel und jener im Motorboot ist nämlich so groß wie die zwischen Wassertaxi und *vaporetto*, und wer es einmal ausprobiert und erlebt hat, wie sich, in verlassenen Seitenkanälen nahezu geräuschlos das schimmernde Wasser vor ihm teilt, kann einfach nicht anders, als dieser Art der Fortbewegung zu erliegen. Gondelfahren fühlt sich in etwa so an, als bekäme man –

Joseph Brodsky hat dieses Gefühl exakt beschrieben – unerwarteterweise eine Dimension hinzu. Kitschig war eine Gondelfahrt trotz allem.

Charlotte und ich waren uns darüber im Klaren, dass es ein ausgesprochener Glücksfall war, einen Gondoliere zu finden, der uns gratis mitnahm. Denn eigentlich werden die Gondolieri, wenn ihre *Gondola-Gondola*-Lockrufe, die sie in Richtung Touristen senden, nicht fruchten und man sie stattdessen nach einem Spezialpreis fragt, ziemlich fuchsig und wenden sich mit verächtlichem Blick ab. Die Gondolieri sind zudem, ein ganz eigener Menschenschlag. Nur Venezianer und ausschließlich Männer üben traditionsgemäß diesen – mit einem Stundenlohn von circa 150 Euro gut bezahlten – Beruf aus. Wenn sie von April bis Ende Oktober täglich gut beschäftigt sind, lässt sich ausrechnen, dass ein Gondoliere auf ein stattliches Jahresgehalt kommt. Kein Wunder, dass es bei solch lukrativen Einkünften eine Kunst ist, in die Reihe der Gondolieri aufgenommen zu werden. Erst ein einziges Mal hat eine Frau, Giorgia Boscolo, Tochter eines Gondoliere, die Aufnahmeprüfung zu der eineinhalbjährigen Ausbildung bestanden, sehr zum Missfallen vieler ihrer Kollegen, zu denen bestimmt auch der Mann hinter uns gehörte. Als wir nach unserer Runde seinen Liegeplatz erreichten und aus der Gondel kletterten, packte er Charlotte plötzlich und unerwartet grob am Handgelenk: „Du hast von mir profitiert, jetzt bin ich an der Reihe, von dir zu profitieren!", zischte er ihr zu, bevor es ihr gelang, sich loszumachen und sich zu uns in die Gasse zu flüchten, wo wir bereits auf sie warteten.

Ein paar Stunden nach dieser Gondelfahrt erreichte ich den Campo Santa Margherita, wo ich mir bei *Pizza al Volo* etwas zu essen und ein Wasser kaufte und mich, obwohl die Abende langsam kälter wurden, im Dunkeln auf eine der rot gestrichenen Parkbänke setzte. Als ich das *trancio* aufgegessen hatte, blickte ich mich um. Der Platz war merkwürdigerweise fast leer. Ein Stück entfernt suchten noch ein paar Möwen die Stelle, an der tagsüber der Fischstand aufgebaut war, nach Lebensmittelresten ab. Von der „Nordseite" des Campo aus kam ein Mann mit zügigem Schritt über den Platz gelaufen.

Als er sich näherte, erkannte ich, dass es der Unbekannte war, mit dem ich, obwohl wir uns inzwischen grüßten, immer noch kein Wort gewechselt hatte. Ich nippte an meiner Cola. Er schien in Gedanken versunken, aber dann hob er den Kopf, entdeckte mich und steuerte direkt auf die Bank zu, auf der ich saß. Vor mir angelangt, kniete er sich hin, bis er sich mit mir auf Augenhöhe befand. „Hallo, ich bin Davide", stellte er sich vor. *„Piacere!"* Ich reichte ihm die Hand und nannte meinen Namen. „Was machst du hier?", fragte er. „Allgemein oder gerade?", wollte ich wissen. „Beides." Er legte den Kopf schräg und lächelte mich an.

„Ich studiere Literatur- und Kunstgeschichte an der *Ca' Foscari*." Das Herbstsemester hatte soeben begonnen und ich mich nun erstmals auf Seminare konzentriert, die an der staatlichen Universität stattfanden, da ich davon ausging, inzwischen so viel Italienisch zu können, dass es mir möglich wäre, dem Unterricht zu folgen. Bei Professore Ferro, einem schnauzbärtigen Signore, hatte ich daher ein Lichtenbergseminar besucht, war aber relativ schnell wieder geflohen, nachdem er mich dazu aufgefordert hatte, meinen italienischen Kommilitonen zu erklären, was ein Grabstichel ist. Ich war rot angelaufen, hatte gestottert, dass ich auch im Deutschen nicht wisse, worum es sich bei diesem ominösen Gegenstand handeln könnte, und im Anschluss an den Kurs geknickt den Raum verlassen. Offensichtlich war auch das Ausmaß meiner Sprachkenntnisse sehr von der jeweiligen Tagesform abhängig. Die letzten Tage hatte ich daher einen großen Bogen um den Professor gemacht und stattdessen ein englischsprachiges Seminar zu der Geschichte Venedigs auf San Servolo besucht.

Ich musterte Davide. „Und jetzt gerade, falls du das meinst, mache ich eigentlich nichts außer einfach hier zu sitzen und ein wenig die Leute zu beobachten." Davide lachte, so dass um seine Augen zahlreiche Fältchen sichtbar wurden. „Das passt gut." Er reichte mir die Hand, um mich von der Bank hochzuziehen. „Ich mache gerade einen Spaziergang, und bevor du hier weiter alleine auf der Bank sitzt, komm doch einfach mit." Merkwürdigerweise fragte ich nicht einmal, wo er hinwollte, sondern erhob mich ganz automatisch und folgte ihm. Während wir Richtung Frari-Kirche gingen, erzählte Davide mir, dass er Musiker sei und gerade plane, eine Schallplatte mit neuen Songs in einem Studio in Mestre aufzunehmen.

Ich war mir sicher, dass er mit dieser Geschichte schon das ein oder andere Mal Erfolg hatte, denn man hörte den Sätzen auf eine gewisse Art und Weise an, dass er sie so oder ähnlich schon oft ausgesprochen hatte. Vielleicht war ich gerade deswegen neugierig und wollte herausfinden, wie ein Abend an seiner Seite aussah.

Am Campo San Giacomo bestellten wir ein *Spritz*, bevor wir nur wenige Minuten später weiterliefen. „Komm, da gibt es etwas, dass ich dir zeigen will", hatte er gesagt und mich aus der Bar gezogen. „Wohin gehen wir?", fragte ich und überlegte einen Moment, ob es nicht vernünftiger war, nach Hause zu gehen. Nachdem wir eine Weile durch die Dunkelheit gelaufen waren, verlor ich die Orientierung, obwohl Santa Croce wie auch Dorsoduro zu den Ecken von Venedig gehörten, die ich inzwischen gut kannte. Aber ich hatte Davide zugehört und mich nicht auf den Weg konzentriert. „Wir sind da!" Davide blieb vor einer Mauer stehen und blickte prüfend in die Höhe. „Ich helfe dir jetzt hoch, und wir klettern hinüber auf die andere Seite. Der Park ist abends abgeschlossen. Aber ich dachte, ich zeige ihn dir trotzdem mal." „Weshalb?" Ich blickte ihn an. „Ich dachte, es interessiert dich, immerhin ist Rilke auch schon hier gewesen." Einen Moment lang blickte ich mich unschlüssig um. Ob das stimmte? Oder war das nur eine romantische Masche, mit der er regelmäßig die Frauen hierher lockte?

Unentschlossen trat ich einen Schritt zurück, dann lief ich ein wenig die Mauer auf und ab. „Wo sind wir?", erkundigte ich mich. Wenn ich schon mit einem Fremden spät abends in einen dunklen, abgeschlossenen Park klettern sollte, wollte ich zumindest wissen, wo ich mich befand. „Überleg mal", er formte die Hände zu einem Steigbügel. „So weit sind wir ja dann doch noch nicht gelaufen." Ich betrachtete die Gasse, die von uns fort in die Dunkelheit führte. Dann wurde mir klar, dass dieses hier der Park gegenüber vom Bahnhof sein musste, der tagsüber auch für die Öffentlichkeit zugänglich war. Ganz so geheim war dieser Ort also doch nicht. „Und? Vertraust du mir?" Offensichtlich hatte er meine Bedenken durchschaut. „In Ordnung, aber nur kurz." Davide half mir auf die Mauer, dann zog er sich selbst an den Steinen hoch. Einen Moment lang saßen wir stumm nebeneinander und blickten uns an. Dann sprang Davide hinunter auf den Boden, klopfte sich den Dreck von der Hose und streckte mir beide Arme entgegen. „Los, komm, es ist nicht hoch" rief er mir zu, und ich ließ mich fallen.

Wenig später spazierten wir durch den Park. Die Schatten der Pflanzen setzten sich von der Dunkelheit ab. „Komm, da drüben ist eine *banco*, da setzen wir uns jetzt hin." Er zog mich mit sich, und gemeinsam ließen wir uns auf einer der roten Bänke nieder, die in regelmäßigen Abständen den Weg säumten. Während Davide von den Projekten erzählte, die er für die nächste Zeit geplant hatte, legte er behutsam einen Arm um mich.

Noch bevor ich darüber nachdenken konnte, ob ich mir das alles nur einbildete oder Davide tatsächlich etwas im Schilde führte, stieß er einen spitzen Schrei aus und sprang von der Bank auf. Ich fuhr zusammen. Was war denn nun los! „Davide? Ist alles in Ordnung?" Davide hüpfte vor mir im Kreis auf und ab und hielt sich das Bein. „Mich hat etwas gestochen, verdammt. Das war bestimmt ein Skorpion." Er wirkte panisch. „So ein Schwachsinn!", sagte ich und verschränkte die Arme vor dem Oberkörper, aber Davide ließ sich nicht davon abbringen, dass ihm eines der gefährlichen Tiere einen Stich verpasst hatte. „Du musst nachsehen, was das war!", jammerte er, ließ seine Hose herunter und stand plötzlich in Boxershorts und Kniestrümpfen vor mir, ein Aufzug im Übrigen, in dem er einen ziemlich komischen Anblick bot.

„Davide, ich sehe doch hier überhaupt nichts, lass uns mal nach draußen gehen, dort ist eine Straßenlaterne, da kannst du nachschauen." Mir war das, was er dort trieb, nicht ganz geheuer. Flugs zog Davide seine Hose wieder hoch und lief in großen Schritten auf die Mauer zu. Einen kurzen Moment hatte ich tatsächlich geglaubt, er würde sich einen Spaß erlauben, aber er bekam es tatsächlich mit der Angst zu tun, er vergaß sogar, mir wieder aus dem Park zu helfen. Ein romantisches Date in Venedig sollte eigentlich auch anders aussehen, dachte ich seufzend und entschied mich, ihm zu folgen.

Auf der Mauer sitzend entdeckte ich wenig später Davide, der im Schein der Straßenlaterne bereits jene Stelle kurz über dem Knie untersuchte, an der er den Stich vermutete. Ich sprang hinunter und schlug unsanft mit den Füßen auf dem Boden auf. Mein Knöchel schmerzte. Davide blickte auf, dann kam er auf mich zu. „Ist alles in Ordnung?" „Ich weiß nicht, mein Fuß tut ziemlich weh", sagte ich und humpelte ein paar Schritte. „Ich kann überhaupt nicht auftreten, ich glaube, es ist besser, ich fahre nach Hause." „Komm, ich trag dich ein Stück", bot er an und nahm mich auf den Rücken.

„Ach, sag mal Davide – bist du denn jetzt eigentlich gestochen worden?", fragte ich, als wir am Bootsanleger der Linie 1 ankamen und Davide mich absetzte, während das *vaporetto* bereits mit einem dumpfen Geräusch am Ufer anlegte. Er schüttelte den Kopf. „Offensichtlich nicht. Komisch, dabei hätte ich schwören können, dass da etwas war." „Vielleicht war es ja auch etwas anderes, nur eben kein Skorpion." „Ja, das kann natürlich sein." Davide blickte mich nachdenklich an. „Vielleicht war es ja Amor?" Er schrieb seine Telefonnummer auf einen verknitterten Zettel, den er aus der Hosentasche zog, dann entfernte sich mein Boot bei gleichmäßigem Motorenbrummen, während Davide an der Anlegestelle zurückblieb und immer kleiner und kleiner wurde, bis ich hinter der nächsten Kurve verschwand.

Während das *vaporetto* sich langsam über das Wasser bewegte, fragte ich mich, weshalb dieser Abend, der so gut begonnen hatte, ein so verkorkstes Ende nahm. Müsste nicht gerade die *Serenissima* prädestiniert sein für romantische Begegnungen, denen man sich nicht entziehen konnte? Tatsächlich aber war mir hier in den letzten Monaten herzlich wenig davon begegnet. Kitsch, davon gab es in Venedig ohne Zweifel jede Menge. Aber echte Romantik? Während der folgenden Tage hatte ich genug Zeit, über dieses Phänomen nachzudenken, denn mein Knöchel schwoll an, so dass ich mich eine ganze Weile nicht aus dem Haus bewegen konnte. Dabei kam ich zu dem Ergebnis, dass mir auf einmal, so aus der Ferne, Davide überhaupt nicht mehr gefährlich, sondern vielmehr ausgesprochen attraktiv erschien.

November

… in dem meine Lieblingsstadt im Nebel verschwindet, ich in alten Schauergeschichten stöbere und auf der Giudecca eine unliebsame Überraschung auf mich wartet.

Neben Hochwasser und Schirokko ist Venedig vor allem für den Nebel berühmt, der sich im Winter seinen Weg durch die Lagune bahnt und die ganze Stadt unter seinem grauen Schleier begräbt. Dieser Nebel, das stellte ich schon bald fest, hüllt die *palazzi* und ihre Bewohner fast vollständig ein, lässt sie in seiner milchigen Weiße verschwinden und bietet, da in Venedig nichts geheim bleibt und alles ans Tageslicht kommt, vielleicht neben den Masken an Karneval die einzige Möglichkeit, unentdeckt etwas Verbotenes zu tun. Joseph Brodsky hatte Recht, als er schrieb, dass der *nebbia* Venedig noch mehr aus der Zeit hebt, als das ohnehin schon der Fall ist, denn die nebligen Dünste vernichten die Spiegelungen der Häuser und Brücken im Wasser, und die Himmelsrichtungen verschwinden ebenso wie der Orientierungssinn, so dass der einzige Weg, zurück nach Hause zu finden, wie der Schriftsteller anmerkte, der Weg durch die Spur ist, die der eigene Körper im dichten Nebel hinterlassen hat.

Auf der Giudecca senkte sich der *nebbia* besonders dicht in den Gassen zwischen den Häusern. Durch die grauweiße Schicht konnte ich nur ein paar Meter weit sehen, als ich mich zur Station Palanca vortastete in der Hoffnung, noch ein *vaporetto* nach Venedig zu erwischen. Ich hatte Glück und die Boote verkehrten weiterhin regelmäßig zwischen Palanca und Zattere, obwohl die Stadt von hier aus nicht einmal mehr zu sehen war. Auf der Bank des Wartehäuschens saß ein alter Mann, der prüfend in den Nebel blickte. „Es fehlt nicht mehr viel", murmelte er mehr zu sich selbst als zu mir, „dann stellen sie den Schiffsverkehr ein." Was das bedeutete, mochte ich mir überhaupt nicht ausmalen, denn es würde heißen, unfreiwillig auf der Insel gefangen zu sein, die mir bei diesem Wetter langsam etwas unheimlich wurde. Es wäre mit Sicherheit ein merkwürdiges Gefühl, mehrere Tage auf dem Eiland festzusitzen, dachte ich und gruselte mich auf einmal.

Dass ich mich gruselte, war an sich noch nichts Schlimmes, hätte es nicht etwas an der Art verändert, mit der ich die Stadt wahrnahm. Wundersamerweise hatte ich mich bisher noch kein einziges Mal in Venedig gefürchtet. Weder des Nachts, wenn ich durch die menschleeren Gassen heimwärts gelaufen war, noch am späten Abend, wenn ich mich einmal wieder in einer mir bisher noch unbekannten *calle* verlief. Ich ängstigte mich auch dann nicht, wenn fremde Männer über einen längeren Zeitraum denselben Weg nahmen wie ich, und es störte mich auch nicht, wenn es in den alten Gemäuern, in denen ich wohnte, im Gebälk ächzte. Kurzum: Venedig war für mich ein sicherer Ort, ich konnte mir beim besten Willen nicht vorstellen, dass mir hier etwas zustoßen könnte.

Im Gegensatz zu anderen Städten wie Paris, Neapel oder Barcelona ließ ich hier meine Handtasche unbeaufsichtigt auf dem Stuhl neben mir liegen, es sei denn am Rialto oder auf dem Markusplatz, wo sich der vielen Touristen wegen schon der ein oder andere Handtaschendieb herumtreibt. In der Tat ist die Verbrechensquote vor allem im Vergleich zu anderen italienischen Städten ausgesprochen gering, was nicht zuletzt daran liegt, dass das Gewirr der Gassen Verbrechern, die von auswärts kommen, eine schnelle Flucht erschwert. Und Davide hätte mich wahrscheinlich nirgendwo anders zu einem nächtlichen Ausflug in einen verschlossenen Park in Bahnhofsnähe überreden können. Auch die zahlreichen Kanäle der Stadt, in denen man durchaus unentdeckt Ballast verschwinden lassen konnte, strahlten für mich eher etwas Beruhigendes aus, als dass ich sie als Bedrohung empfand, Menschen wurden hier auf dem Wasser hin- und hergefahren, nicht in ihm versenkt. Um mir dieses sichere Gefühl zu erhalten, hatte ich vorsorglich darauf verzichtet, mir gemeinsam mit Freja und Rosalie den Film *Wenn die Gondeln Trauer tragen* anzusehen.

„Venedig ist so friedlich. Gibt es hier eigentlich überhaupt irgendwelche Schauergeschichten?", fragte ich eines Nachmittags daher Alessia, die es schließlich wissen musste, aber sie zuckte nur die Schultern. „Mit Sicherheit jede Menge, ich kenne allerdings keine. Irgendwie hab ich mich damit noch nie beschäftigt. Versuch doch mal etwas herauszufinden. Und erzähl es mir später, das interessiert mich auch." Dann musste sie los, für einen Artikel recherchieren. Ein Fernsehteam hatte es doch tatsächlich gewagt, auf San Michele zu filmen und dort zur Empörung der Anwohner die heilige Ruhe der Toten gestört. Im Weglaufen blieb Alessia stehen und drehte sich um. „Halt, mir fällt da doch etwas ein. Da gab es mal einen berühmten Mörder, irgendwo in der Nähe des Bahnhofs. Vielleicht fragst du dort mal nach?" Als ich mich wenig später in einem *caffè* unweit der Scalzi-Brücke nach dem einst hier lebenden Kriminellen erkundigte, wies man mir den Weg Richtung Riva di Biasio. Ich beschloss, mich dort umzusehen und wenn möglich einen Rentner nach der Legende zu befragen, schließlich wussten alte Menschen meistens bestens über solche Geschichten Bescheid, und in Venedig gab es wahrlich genug an gesprächsfreudigen *pensionati*, die ihr ganzes Leben hier verbracht hatten. In der Calle

Zen stieß ich auf eine alte Dame, die gerade ihre Haustür aufschloss. Bevor es ihr gelang, im Inneren des Gebäudes zu verschwinden, trug ich ihr mein Anliegen vor. Anscheinend amüsierte sie meine Suche nach Schauergeschichten, denn sie stellte ihre Einkaufskörbe im Hausflur ab und bedeutete mir, ihr zu folgen. Durch den Nebel führte sie mich zum Riva di Biasio, der sich in unmittelbarer Nähe der Chiesa di San Simeone Profeta befindet. Dort angekommen stützte sie sich an einer Hauswand ab, ließ den Blick über den Canal Grande schweifen und begann zu erzählen.

„Das, was du hier siehst, ist die Riva di Biasio. Sie sieht eigentlich wie ein ganz normales Ufer aus, aber sie ist nach einem venezianischen Massenmörder benannt. Biasio war ein Metzger, der die berühmten *salsicce* herstellte, jene italienische, pikant gewürzte Mettwurst, die auch die Deutschen so gerne essen. Er war vor allem deswegen bekannt, weil sich seine Metzgerei in einer so günstigen Lage befand. Dort hat er auch verschiedene einfache Fleischplatten vorbereitet. Eine davon nannte sich *sguazetto* und bestand aus Fleisch mit einer deftigen Soße. Man erzählt sich, dass eines Tages ein Arbeiter in seiner Schüssel das obere Glied eines menschlichen Fingers fand, an dem noch ein langer Nagel zu erkennen war." Sie machte eine bedeutungsschwangere Pause um die Wirkung auszukosten. „Widerlich!" Ich schüttelte mich.

„In der Tat! Vor allem, weil der Finger zu einem der Kinder gehörte, die während dieser Zeit auf mysteriöse Weise verschwunden waren", fuhr sie ungerührt fort. „Der Metzger Biasio wurde ins Gefängnis überführt, wo er seine Schuld gestand. Er erhielt seine gerechte Strafe, wurde an ein Pferd gehängt und zu seiner Metzgerei gezogen, wo man ihm in aller Öffentlichkeit die Hände abhackte. Von dort aus brachte man ihn zu seiner Hinrichtung nach San Marco, um ihn zu enthaupten." Sie wechselte das Standbein, das wohl gerade eingeschlafen war, denn sie klopfte leicht mit der Hand gegen ihren Unterschenkel. Dann sprach sie weiter. „Anschließend zerteilte man ihn in mehrere Teile, die gut sichtbar für die Öffentlichkeit in den verschiedenen Vierteln ausgestellt wurden. Seine Metzgerei hat man natürlich geschlossen. Aber seitdem heißt der Kanal unmittelbar vor seinem Haus Riva di Biasio", schloss die Signora ihren Bericht.

„Ist das alles wirklich wahr?", fragte ich skeptisch, aber sie zuckte nur die Schultern. „Angeblich existieren keine Dokumente mehr aus dieser Zeit, die beweisen könnten, dass das alles tatsächlich geschehen ist. Aber mein Gott, wenn es wirklich wahr ist, dann ist es, so wie das Leben im 16. Jahrhundert ablief, gut möglich, dass man einfach alles, was mit dem Metzger zu tun hatte, vernichtet hat." Ich bedankte mich für die Märchenstunde, verabschiedete mich und tastete mich nachdenklich durch den Nebel Richtung *vaporetto*-Station. Fast war mir, als würde der Metzger Biasio hinter einer Ecke hervorlugen und höhnisch lachen. Wieso hatte ich bisher nicht bemerkt, was für ein perfekter Ort für gruselige Geschichten Venedig doch war! Offensichtlich lohnte es sich in dieser Hinsicht, hier auf Spurensuche zu gehen, denn die Stadt konserviert das, was in ihren Gassen geschieht. Dadurch, dass sich hier praktisch nichts verändert, sind, wenn man aufmerksam hinsieht und hinhört, alle Geschichten noch da, wirken aus der Vergangenheit in die Gegenwart nach, Schichten über Schichten von jahrhundertealten Ereignissen, unsichtbar, aber doch allgegenwärtig.

Wenig später fuhr ich mit dem *vaporetto* den Canal Grande hinunter Richtung San Zaccaria. Die Piazza San Marco war von grauem Dunst bedeckt, und die Spitze des Markusturms mit seinem goldenen Dreieck, das sich mit dem Wind dreht, war nicht zu erkennen. Ich hatte es bisher vermieden, auf den

Markusturm hinaufzusteigen, denn ich scheute die langen Schlangen. Heute jedoch befand sich niemand vor dem Eingang – kein Wunder, man würde dort oben nicht die eigene Hand vor Augen erkennen können. Ich betrachtete den roten Backsteinturm, in den vor einigen Jahrzehnten ein Fahrstuhl eingebaut worden war: ein weiteres jener Zugeständnisse an die Touristen, die hier so oft gemacht wurden und die der Stadt Stück für Stück ihre Authentizität nehmen und sie immer mehr in ein Disneyland verwandeln. Ich sprach die Kartenverkäuferin an, die im Kassenhäuschen saß und sich zu langweilen schien. „Wann hat man hier denn den Aufzug eingebaut?", fragte ich, nachdem sie von ihrer Zeitung aufgeblickt hatte. Sie zuckte mit den Schultern. „Ehrlich gesagt, ich weiß es auch nicht genau. Aber es ist schon wieder eine ganze Weile her." An der Turmmauer hinaufblickend versuchte ich abzuwägen, ob mir die Fahrt sicher erschien. „Scheint ja stabil zu sein." Die Frau lachte. „Der hält einiges aus, glaub mir. Obwohl – einmal ist der Turm doch eingestürzt. Das ist aber schon über hundert Jahre her. Er ist einfach so in sich zusammengebrochen." Ich sah sie erschrocken an. „Und? Gab es Tote?" „Nein", sie schüttelte den Kopf. „Nicht mal einen einzigen, es ist niemandem etwas passiert. Und das im Juli, wo es doch so voll hier ist!" Angesichts der im Hochsommer überlaufenen Piazza grenzte es tatsächlich an ein Wunder, dass bei dem Turmeinsturz so wenig geschehen und ich bei meiner Spurensuche somit immerhin zumindest auf eine Schauergeschichte mit glücklichem Ausgang gestoßen war.

Bei den Giardini angekommen, hatte sich der Nebel etwas gelichtet. Als sei er zu schwer für die Luft und deshalb abgesunken, kroch er nun in Schwaden über die steinernen Böden. Ich überquerte die Brücke, die das Biennale-Gelände mit Sant' Elena verbindet, spazierte durch den herbstlichen Park, dessen Bäume schon kahle Äste hatten, die hier und da schemenhaft im Dunst aufblitzten. Nachdem ich den Spielplatz hinter mir gelassen hatte, fiel mein Blick auf einen steinernen Quader, der mitten im gefallenen Laub stand. Er trug die Aufschrift *Alle vittime del Tornado 11.9.1970*. Hier hatte er also stattgefunden, jener schreckliche Unfall, bei dem eine Windböe ein *vaporetto* erfasste und viele Menschen ums Leben gekommen waren, und von dem mir Tim, das hatte ich völlig vergessen, schon bei einer stürmischen Bootsfahrt berichtet hatte. Der Schauergeschichten allmählich überdrüssig, wollte ich auf die Giudecca zurückzukehren und lief Richtung Zattere, um dort das Boot zu nehmen, das mich hoffentlich wohlbehalten ans andere Ufer bringen würde.

Vorsichtig tastete ich mich durch den Nebel, der immer dichter wurde. Als vor mir mein Boot, das gerade im Ablegen begriffen war, aus der grauen Masse auftauchte, fing ich an zu laufen, stolperte über die Unebenheiten im Übergang des Anlegers und konnte mich gerade noch rechtzeitig an der Brüstung des *vaporetto* festhalten. Ich hörte jemanden meinen Namen rufen und drehte mich um. In der Ferne erkannte ich Davide, der am Zattere stand und mir zuwinkte. Er trug einen grauen Wollmantel, seine Locken kräuselten sich in der feuchten Luft, dann entfernte sich mein Boot und er verschwand hinter einer dicken Nebelwand. Ich ärgerte mich, ihn nicht rechtzeitig gesehen zu haben, denn wir waren uns seit der denkwürdigen Nacht im Park nicht mehr begegnet, und da ich über den schmerzenden Fuß auf dem *vaporetto* den Zettel mit seiner Nummer verloren hatte, blieb mir nichts anderes übrig, als meinen Abend mit ihm in Gedanken wieder und wieder Revue passieren zu lassen.

Bei Palanca verließ ich das Boot. Wenig später, während ich mit Freja und Rosalie einen Topf *pastasciutta* zubereitete, beschloss ich, die nächsten Tage unbedingt auf dem

Campo Santa Margherita vorbeizuschauen. Früher oder später würden wir uns bestimmt über den Weg laufen. Die folgenden Tage hielt ich im Novembernebel vergeblich Ausschau, aber statt Davide tauchte nur das Gesicht von Ilaria vor mir aus dem Dunst auf, die ich seit der *Regata storica* nicht mehr gesehen hatte und die mir einige Tage später eine SMS schickte, in der sie schrieb, dass sie ihre letzten Prüfungen bestanden hatte, und mich zu ihrer *laurea* einlud.

Die Italiener lieben es, besondere Anlässe zu zelebrieren. Das macht sich auch in der Art und Weise bemerkbar, in der in Venedig der Universitätsabschluss, die *laurea*, gefeiert wird. Während einem in Deutschland der Dekan mit einem feuchten Händedruck das Zeugnis überreicht und höchstens noch ein Glas Prosecco anbietet, wird man in der Lagunenstadt einen Nachmittag lang gebührend von Freunden und Familie gefeiert.

Eine traditionelle *laurea* verlangt sorgsame Vorbereitung. Zuerst wird ein *papiro* angefertigt, ein Plakat, in dessen Mitte eine Karikatur des frischgebackenen Universitätsabgängers prangt. An den Seiten des Bildes ordnet man in Reimform die Lebensgeschichte des Betreffenden an, natürlich deutlich überzogen und anzüglich zugespitzt. Dieses *papiro* wird vervielfältigt und überall in der Stadt aufgehängt. Zu guter Letzt trifft man sich mit Freunden, um auf den neuen Abschluss anzustoßen. Dem frischgebackenen *dottore* wird außerdem eine *corona*, ein Lorbeerkranz geschenkt, den die Mutter des Absolventen zuvor extra in einem Blumengeschäft anfertigen lässt. Die kleineren dieser Lorbeerkränze trägt man auf dem Kopf. Aber das eine oder andere Mal waren mir in Venedig auch schon Grüppchen begegnet, in deren Mitte ein Absolvent eine überdimensionale *corona* quer über dem Oberkörper trug.

Ilarias *corona* war von mittlerer Größe. Stolz trug sie die Lorbeeren über ihrer babyblau verpackten Plastikbrust, während sie mit uns im Gefolge durch die Stadt zog und ihre Mitbewohnerin Simona sie unweit des Campo San Barnaba von oben bis unten mit Schlagsahne einsprühte. Währenddessen stimmten die Umstehenden in einen grauslichen Gesang ein. *„Dottore, dottore, dottore, del buso del cul, vaffancul, vaffancul!"* Die ganze Prozedur hatte Ähnlichkeit mit den absurden Spielchen, die mitunter auf Junggesellinnenabschieden zelebriert werden, und ich war mir nicht ganz sicher, ob es richtig war, dass man für die ganze Arbeit, die man in sein Examen gesteckt hatte, auch noch öffentlich gedemütigt werden musste, aber das sah man hier wohl anders, denn einer von Ilarias Freunden packte sie unter den Armen und trug sie zum nächstgelegenen Kanal, wo er Ilaria mit lautem Gelächter hineinfallen ließ. Ilaria, die sofort unterging, tauchte wenig später wasserspuckend wieder auf und zog sich, nach unseren Händen greifend, mühselig am Ufer hoch. Froh, keinen Abschluss in Venedig machen zu müssen, fuhr ich an diesem Tag zurück auf die Giudecca, wo ich mich mit Freja und Rosalie traf, um mit ihnen ein paar Künstler zu besuchen, die sich dort im Erdgeschoss eines alten Gebäudes ein Atelier eingerichtet hatten.

Als wir nach Hause kamen, wartete eine böse Überraschung auf uns, die mich einen Moment lang daran glauben ließ, das Schicksal wolle mich für meine vorsätzliche Suche nach Schauergeschichten bestrafen. Denn als wir, immer noch in ein Gespräch vertieft, vor unserer Haustür hielten, mussten wir feststellen, dass sich in unserer Abwesenheit jemand am Fenster neben der Eingangstür zu schaffen gemacht hatte. Der Einbrecher war nicht zimperlich gewesen, er hatte durch die kaputte Glasscheibe gegriffen, dass Fenster geöffnet und dabei den Fensterriegel praktisch aus der Verankerung gerissen. Wir sahen uns erschrocken an. „Da war jemand im Haus, was machen wir jetzt?", flüsterte Rosalie. „Meint ihr, der ist noch irgendwo in der Wohnung?" Freja spähte vorsichtig durch einen Spalt in der ebenfalls ramponierten Tür. „Nein, das glaube ich nicht. Also, ich geh da jetzt rein." Sie schloss auf, betrat vorsichtig den Flur, griff nach einem alten Besen, der bisher von uns viel zu wenig benutzt worden war, und schlich, notdürftig mit dem Putzgerät bewaffnet, in Richtung Wohnzimmer. „Alles in Ordnung, ihr könnt reinkommen, der Dieb ist schon weg!", rief sie. Im Erdgeschoss herrschte Chaos. Beim Einstieg durch das Fenster hatte der Eindringling die Gewürzdosen von der Küchenzeile gefegt. Offensichtlich in Eile hatte er den Kleiderschrank durchwühlt, sämtliche Schubladen aus der Kommode gezogen und achtlos fallen gelassen. „Mein Rechner!", Rosalie stürzte die Treppe hoch. Dann stieß sie einen triumphierenden Schrei aus: „Ah, Gott sei Dank, er ist noch da!" Ich folgte ihr nach oben. In meinem Zimmer schien alles unberührt zu sein. Dem Dieb war wohl nicht genug Zeit geblieben, auch das obere Stockwerk unseres Apartments zu durchkämmen. „Hier unten fehlt auch nicht viel!", rief Freja zu uns herauf. „Die Haushaltskasse, aber da war kaum etwas drin. Und mein MP3-Player. Ich glaube, sonst ist alles da." Nacheinander stiegen Rosalie und ich wieder hinunter, um uns mit Freja zu beratschlagen, die gerade dabei war, vorsichtig die letzten Reste der Fensterscheibe aus dem Rahmen zu entfernen.

„Ich glaube, wir müssen einen Glaser rufen", sagte sie, dann schnitt sie sich ordentlich in den Finger. Während wir am Tisch saßen und warteten, fiel unser Blick auf ein paar blutige Fußspuren, die durch den Raum führten. Offensichtlich war Freja nicht die Einzige, die sich an der kaputten Fensterscheibe verletzt hatte.

Nachdem die Polizei den Einbruch zu Protokoll genommen hatte (sie waren zu dritt erschienen und hatten uns herablassend belächelt, als wir ihnen erklärten, dass wir in Sorge seien, der Einbrecher könnte noch einmal zurückkehren), tauchte endlich der Glaser auf, ein hagerer, faltiger Mann, der aufgrund seines venezianischen Dialektes nur schwer zu verstehen war. Statt das Fenster auszumessen und uns zu sagen, wann er das zugeschnittene Glas vorbeibringen könne, fing er an, den Fensterrahmen aus der Mauer zu lösen. „Was tun Sie denn da?" Freja machte einen Satz auf ihn zu, um ihn daran zu hindern, die Hausfront endgültig zu ruinieren. Der Glaser drehte sich verständnislos nach uns um und sah uns kopfschüttelnd an. „Ich nehme den Rahmen mit. Um dann in der Werkstatt das Glas zuzuschneiden. Übermorgen könnt ihr ihn bei mir abholen und wieder einsetzen." „Also, ehrlich gesagt, sind wir davon ausgegangen, dass Sie mit der zugeschnittenen Glasscheibe kommen und sie hier vor Ort einsetzen. Sonst haben wir ja kein Fenster." Freja stemmte die Hände in die Hüften. Der Glaser schüttelte den Kopf. „*Mi scusi*, tut mir leid. Erstens macht die Rahmenkonstruktion von eurem Fenster das nicht mit, zweitens ist es in Venedig einfach schwierig, ungerahmtes Glas zu transportieren, noch dazu mit dem Boot auf die Giudecca." Dann verschwand er mit unserem Rahmen unter dem Arm Richtung Anleger. Freja, Rosalie und mir aber blieb nichts anderes übrig, als das Loch in der Hauswand mit Pappe abzudichten und so lange, bis der Schaden repariert war, zur Sicherheit mit einem Küchenmesser unter dem Bett einzuschlafen.

Dezember

... in dem ich nicht mehr weiß, welchem Ort mein Heimweh gilt, Neujahr in Cortina d'Ampezzo verbringe und um die Erkenntnis bereichert werde, dass Italiener keine Silvesterfeier organisieren können.

DER DEZEMBER HATTE DEN NOVEMBER still und heimlich abgelöst, genauso wie der Schnee den Nebel. Unter einer weißen Schicht lag die Stadt leise da. Die blaue Luft wirkte gefroren, und von den hölzernen Balkonen, die hier und da auf den Dächern der Häuser befestigt waren, hingen die Eiszapfen herab. Die abgedeckten Gondeln verschwanden unter weißen Schneehauben, und auf dem Markusplatz bildeten vor dem *Caffè Florian* ein paar verlassene Stühle mit ihrem farbigen Plastikgeflecht einen grellen Kontrast zu der weißen Fläche.

Freja, Rosalie und ich hatten beschlossen, den Dezember über in Venedig zu bleiben. Immerhin waren wir für ein Auslandsjahr nach Italien gekommen. Und das beinhaltete genau genommen eben auch Weihnachten. Unseren italienischen Freunden und Bekannten erschien unser Vorhaben, wie zu erwarten, sehr kurios. „Wirklich?", fragte Alessia erstaunt, als ich ihr von meinen Plänen berichtete, und zog eine Augenbraue hoch. „Wenn du meinst ... Du kannst natürlich auch wieder mit uns nach Verona kommen." Auch Filippo und Mattia schienen nicht zu verstehen, weshalb ich Weihnachten nicht nach Hause fuhr. „Hast du dich mit deinen Eltern gestritten?", fragte Filippo vorsichtig. „Nein", ich schüttelte den Kopf und versuchte noch einmal, ihm zu erklären, weshalb wir drei uns dafür entschieden hatten, ein venezianisches Weihnachten zu feiern und dieses Jahr die Geschenke, wie es in Italien üblich ist, erst am 25. Dezember zu öffnen.

Um den 20. Dezember herum fingen wir an, das Haus zu putzen. Am 22. trug Rosalie vier vollgepackte Einkaufstüten in die Küche. Sie hatte Großeinkauf in einem der Supermärkte auf dem Festland gemacht, in denen alle Lebensmittel um einiges günstiger sind als in der venezianischen Altstadt. „Ich hab mir überlegt, wir kochen ein Menü, jeder bereitet das zu, was es bei ihm zu Hause traditionell zu Weihnachten gibt!" Die Idee schien gut, auch wenn wir hinterher eine Woche nur Reste essen würden, und so lief auch ich los, um am *Zattere* die notwendigen Einkäufe zu erledigen. Im *Billa* angekommen aber klapperte ich auf einmal missmutig die Lebensmittelregalreihen ab. An der Kasse war mein Korb immer noch leer. Ich verließ das Gebäude und lief ziellos durch die Straßen. Was war nur los mit mir? Nachdenklich überquerte ich die verschneite Ponte di Accademia, betrachtete etwas verdrießlich die Stände des Weihnachtsmarktes am Campo Santo Stefano, und da ich vermutete, dass mir die mit Lichtern geschmückte *Piazza* endgültig den Rest geben würde, entschied ich mich dagegen, noch bis zum Markusplatz zu laufen. Der Gedanke, Heiligabend nicht in Deutschland zu verbringen, bereitete mir Bauchschmerzen. Irgendwie fühlte es sich auf einmal falsch an, hier zu sein, und die Vorstellung, wie meine Eltern zum ersten Mal ganz allein unter dem Weihnachtsbaum saßen, wollte mir nun überhaupt nicht mehr behagen.

Am Morgen des 23. Dezembers standen wir gemeinsam am Küchenfenster und schwiegen, während draußen die Schneeflocken vom Himmel fielen. Normalerweise war es bei uns niemals still. Jetzt aber, während wir unsere Kekse aßen und einen *caffè* tranken, sprachen weder Freja, Rosalie noch ich ein Wort. Mir war elend zumute, und auch meine Mitbewohnerinnen sahen alles andere als glücklich aus. Aus Angst, die jeweils anderen zu enttäuschen, hatten wir alle versucht, unsere Feiertagsnostalgie voreinander geheim zu halten. Jetzt aber, wo keine von uns mehr verbergen konnte, dass etwas nicht in Ordnung war, fingen wir nacheinander an herumzudrucksen, erst ich, dann Rosalie, bis Freja mit der Faust auf den Tisch schlug und rief: „Verdammt! Wir wollen doch eigentlich alle an Weihnachten lieber nach Hause!" Erleichtert buchte ich umgehend online mein nun sündhaft teures Zugticket. Gerade noch rechtzeitig zum Weihnachtsessen stand ich Heiligabend bei meinen Eltern vor der Tür und war, so sehr ich meine Mitbewohnerinnen ins Herz geschlossen hatte, froh, nicht mit ihnen in Venedig unter dem Weihnachtsbaum zu sitzen.

Während Freja und Rosalie sich entschieden hatten, gleich auch über Silvester zu Hause zu bleiben, wollte ich wenigstens auf italienische Art und Weise ins neue Jahr kommen und kehrte daher kurz nach den Weihnachtsfeiertagen nach Venedig zurück. Die Stadt fehlte mir. Mir fehlte das Wasser, mir fehlten die Geräusche und Gerüche, mir fehlten meine täglichen Spaziergänge über die Giudecca und durch Dorsoduro. Es war absurd, aber während ich in Berlin durch den Schnee lief, hatte ich plötzlich Heimweh nach Venedig. Zurück in der Lagune unternahm ich daher als Erstes einen langen Spaziergang und beschloss, mich ausnahmsweise mit einem Buch ins *Caffè Florian* zu setzen, wo ich bei einer heißen Schokolade saß und beobachtete, wie ein paar Fußgänger Spuren im Schnee des Markusplatzes hinterließen.

Der Weg von der *Piazza* zurück zum Campo Santa Margherita gestaltete sich schwieriger als sonst, denn in den Gassen war das Wasser zu Eis gefroren. Als ich in der Calle Larga XXII Marzo an einem Lederwarengeschäft vorbeilief, dessen Schaufensterauslage über und über mit bunten Handschuhen bestückt war, beschloss ich zum hundertsten Mal, mir am nächsten Tag trotz des überteuerten Preises ein Paar von ihnen zu kaufen, denn angesichts der vorherrschenden Temperaturen hatte ich ständig das Gefühl, mir würden die Finger abfrieren. Ich schob die Hände in meinen Pulloverärmeln ineinander. Gerade als sie wieder etwas wärmer und beweglicher zu werden schienen, klingelte mein Handy in der Tasche. Umständlich suchte ich nach meinem Telefon und drückte mit den kältetauben Fingerkuppen mühsam auf Annahme.

„*Pronto?*" „*Ciao!* Hier spricht die Mutter von Mattia und Filippo." Die Stimme am anderen Ende der Leitung klang fröhlich. „*Ascolta,* die beiden möchten dich fragen, ob du Lust hast, über Silvester mit nach Cortina zu fahren. Sie wollen ein paar Tage bleiben, wie lange genau, ist noch nicht klar, aber sie könnten dich mit dem Auto mitnehmen. Giacomo kommt auch, den kennst du ja." „Wie schön! Sagen Sie den beiden, ich komme sehr gerne mit. *Con piacere.*" Nachdem wir die Details besprochen hatten, verabschiedete ich mich von der Signora und legte auf. Silvester in Cortina d'Ampezzo – von dem Ski-Ort in den Alpen hatte ich schon viel gehört. Die Eltern von Mattia und Filippo hatten – so wie viele der alten italienischen Familien – vor Jahrzehnten ein Grundstück in dem Bergdorf erworben. Ein Haus in Cortina zu besitzen gehörte quasi zu der Grundausstattung der venezianischen Oberschicht, genauso wie der Besitz einer *capanna* auf dem Lido oder eines Sommerhauses auf Elba, und die Brüder fuhren seit Kindertagen jeden Winter dorthin. Denn auch wenn die Eltern von Matteo und Filippo sehr viel reisen, ist an dem Vorurteil, dass man in Italien sehr gerne im eigenen Land Urlaub macht, durchaus etwas Wahres dran. Und wer kann es den Italienern angesichts der Südtiroler Landschaften, der toskanischen Küche, der römischen Kulturgüter schon verdenken?

Am 29. Dezember lief ich Richtung Campo Santa Margherita, um Filippo und Mattia abzuholen. Zwischen Zattere und Campo bemerkte ich große Pfützen, die sich aus Wasser gebildet hatten, das aus den Gullydeckeln sprudelte. Als ich bei den Brüdern ankam, stand die Haustür weit offen. Ich stieg die steinernen Treppenstufen hinauf und drückte auf den Klingelknopf, den – natürlich – ein venezianischer Löwenkopf zierte. Filippo öffnete mir. „Ciao, Fra." Hinter ihm stapelte sich das Gepäck. „Seid ihr fertig?", fragte ich, während ich ihm ins Wohnzimmer folgte. „Ja, eigentlich schon. Aber hast du gesehen, dass Hochwasser ist? Wir müssen beim Centro Previsioni e Segnalazioni Maree anrufen, ob wir mit den Koffern überhaupt bis zur Piazzale Roma kommen." Das *centro* hatte eine automatische Ansage eingerichtet, die Venezianer konsultieren konnten, wenn sie wissen wollten, welche Teile der Stadt unter Wasser standen. Filippo wählte die Nummer, die er auswendig konnte. Dann hielt er mir den Hörer hin. Am anderen Ende der Leitung informierte mich eine Frauenstimme über den aktuellen Wasserstand. „Was bedeutet das?", fragte ich Filippo, als ich aufgelegt hatte. „Das heißt, wir müssen noch etwas warten, bis wir loslaufen."

„Wo ist denn eigentlich Mattia?", erkundigte ich mich, während ich mich auf einem Sessel niederließ. „Der hat seine Gummistiefel angezogen und ist schon los, um den Wagen aus Mestre zu holen." Da die Parkmöglichkeiten an der Piazzale Roma beschränkt sind und das einzige Parkhaus hoffnungslos überteuert ist, mieten viele der Venezianer einen permanenten Parkplatz in Mestre. Wenn sie das Auto brauchen, fahren sie mit dem *vaporetto* zum Bahnhof und steigen dort in den Zug oder Bus, der sie auf das Festland zu ihrem Wagen bringt. Verreisen die Venezianer mit viel Gepäck, holt meistens einer aus der Familie den Wagen und fährt mit ihm bis zur Piazzale Roma, damit die anderen es mit den schweren Taschen nicht so weit haben.

Nach einer halben Stunde summte Filippos Handy. „Es ist Mattia." sagte er, nachdem er einen Blick auf das Display geworfen hatte. „Er ist gleich da, wir können also langsam schon mal los gehen." Filippo griff sich einen der Koffer und schulterte die beiden Taschen, die neben ihm auf dem Boden standen. „Das Praktische daran, ein Haus in Cortina zu haben, ist die Tatsache, dass einem das Tragen von Skisachen und Skiern erspart bleibt und wir es so tatsächlich schaffen, in einem Durchgang alles zur Piazzale Roma zu transportieren", sagte er und stieg vor mir die steile Treppe hinunter. „Wieso haben wir eigentlich die Vorhersage angerufen?", fragte ich, als wir auf der Rückseite der Scuola Grande di San Rocco eine Brücke überquerten. „Auf dem *campo* waren doch nur ein paar Pfützen zu sehen." Ich musste beim Laufen den Kopf so drehen, dass Filippo mir das, was ich sagte, vom Mund ablesen konnte. „Das liegt daran, dass der *campo* insgesamt recht hoch gelegen ist. Aber auf dem Weg zur Piazzale Roma gibt es schon einige Stellen, an denen uns das Wasser in die Quere kommen könnte."

Nachdem wir den Wagen beladen hatten, verließen wir Venedig mit dreistündiger Verspätung Richtung Cortina d'Ampezzo. Während wir die Ponte della Libertà überquerten, glitzerte das Wasser der Lagune wie am Tag meiner Ankunft in Venedig zu beiden Seiten der Brücke im kalten Sonnenlicht. Wir brauchten lange, bis wir Cortina erreichten.

Die Wohnung von Mattia Brüder lag an einem verschneiten Hang unweit des Zentrums, und man konnte bequem zu Fuß in die Innenstadt gehen. Das Apartment besaß den Charme einer Skihütte, sein helles Holz und die rot-weiß gemusterten Bettdecken und Vorhänge ließen es behaglich wirken.

Nach einem Spaziergang durch den Ort kehrten wir in der *Enoteca Pane, Vino & San Daniele* ein und bestellten eine große Platte *prosciutto*. Gerade als die Bedienung Wein und Schinken vor uns auf den Tisch stellte, entdeckte ich zu meiner Überraschung Nino, der am Tresen stand. Er war in Begleitung seiner *fidanzata*, einer blondierten Frau im Pelzmantel, und einem älteren, gut gekleideten Mann, dessen graumelierten Schläfen von einem Hut bedeckt wurden. Da Nino nur von Weitem grüßend die Hand hob, aber keine Anstalten machte, zu uns herüber zu kommen, vermutete ich, dass es sich um seine Eltern handelte. Mir fiel auf, dass ich Nino nie gefragt hatte, was er eigentlich beruflich machte, und ich musste an die illegalen Muschelfischer und das Buch aus dem 16. Jahrhundert denken, von dem Rosalie und Freja erzählt hatten.

Nachdem wir durch die Dunkelheit nach Hause gegangen waren und noch lange gemeinsam bei einem Glas Rotwein in dem rustikalen *salotto* gesessen hatten, fiel ich in einen tiefen Schlaf. In dieser Nacht träumte ich das erste Mal auf Italienisch. In meinem Traum redete ich nicht nur, sondern ich dachte auch in der fremden Sprache. Als ich aufwachte, dauerte es einen Moment, bis mir bewusst wurde, was das bedeutete: Ich war angekommen.

Die Zeit in Cortina verging wie im Fluge, gerade erst angereist, brach schon der Silvesterabend an, mit dem gleichzeitig auch der Urlaub in den Bergen endete. Die letzten Tage hatte es ununterbrochen geschneit, und so versank Cortina schon bald unter einer tiefen Schneeschicht, während die Gehwege so glatt waren, dass wir uns auf dem Weg in die Innenstadt aneinander festhalten mussten, um nicht der Länge nach hinzuschlagen. „Schau mal, sieht das so gut aus?" Mattia stand in meiner Zimmertür und präsentierte sich in seinem Silvesteranzug. „Ja, alles gut", ich nickte aufmunternd. „Wo ist Filippo? Wollen wir los?" Er zupfte sich sein Jackett zurecht und schien immer noch nicht überzeugt. Auf der Suche nach seinem Bruder hatte er bereits das Appartement durchkämmt, aber Filippo war nirgendwo zu sehen. „Filiiippoooo!", rief er laut und sagte dann zu mir gewandt: „Wahrscheinlich ist er schon draußen am Wagen." Er schob mich hinaus in die Kälte und schloss die Haustür ab. Als wir durch die Dunkelheit zum Parkplatz liefen, sahen wir, dass Filippo bereits an der Tür wartete, unsere Rufe aber natürlich nicht gehört hatte. „Mann, ist der taub!", schimpfte Mattia.

Wenig später fuhren wir einträchtig Richtung *Belvedere*, einem Club in den Bergen unweit von Cortina, in dem Freunde von Giacomo eine große Silvesterfeier organisiert hatten. Das Fest war für circa dreihundert Personen geplant und die Karten, wie eigentlich alles in Cortina, sündhaft teuer. Dass sich die Gastgeber mit diesem Event etwas übernommen hatten, sahen wir ihnen bereits von Weitem an, als wir auf den Eingang zuliefen. Die Gesichter der Organisatoren, die am Eingang standen und telefonierten, wirkten gehetzt. Ihren Gesprächen konnte ich entnehmen, dass sie sich bei der Bestuhlung verkalkuliert hatte. Eilig wurden im Hintergrund Tische hin und her getragen.

An der Kasse, die provisorisch neben dem Eingang errichtet worden war, lehnte eine Kaugummi kauende Italienerin und sammelte die Eintrittskarten ein. Sie versperrte uns den Weg. „Halt, ihr könnt noch nicht rein, tut mir leid. Die Jungs sind noch nicht fertig." Ich blickte auf meine nackten Füße, die in den offenen Schuhen langsam, aber sicher anfingen, blau anzulaufen. „Meinst du nicht, dass es etwas zu kalt ist, um die Gäste hier stehen zu lassen?", fragte ich bemüht freundlich. Hinter uns war inzwischen ein Grüppchen weiterer Gäste eingetroffen, die laut zu murren anfingen. Gerade als wir uns noch einmal ins Auto setzen wollten, tauchte Giacomo, der schon vorgefahren war, um bei den Vorbereitungen zu helfen, aus dem Hintergrund auf. Etwas verschwitzt vom Möbelschleppen winkte er uns herein.

Giacomo platzierte uns in einem großen alten Saal des Gebäudes, der trotz seiner Ausmaße nicht genug Platz für alle bot. Die Organisatoren hatten ein zusätzliches Zelt anbauen lassen, in das nun langsam die ersten Gäste strömten. Bis alle Platz genommen hatten, verging eine ganze Weile, und so wurde der erste Gang des Silvestermenüs mit einstündiger Verspätung aufgetragen. Das wiederum zog fatale Folgen für den Rest des Abends nach sich. Ursprünglich war vorgesehen, kurz vor Mitternacht die Tische zur Seite zu räumen, um den Saal in eine Tanzfläche zu verwandeln. Um zehn vor zwölf waren wir allerdings erst beim dritten Gang angelangt, der uns nun von flinken Kellnern samt Tisch unter den Händen fortgezogen wurde. Der Rest des Menüs tauchte nicht mehr auf, auch von der Flasche Prosecco, die jeder Tisch zum Anstoßen bekommen sollte, war nichts zu sehen, ganz zu schweigen von dem Linsengericht, das die Italiener, in dem Glauben und der Hoffnung, dass es für das neue Jahr Glück bringen würde, traditionell am 31. Dezember servieren. „Und jetzt?" Ich sah in die Runde. „Wie kommen wir nun zu unserer Glücksgarantie?"

Mattia zog seine Boxershorts ein Stück unter der Jeans hervor. „Hier, ich habe vorgesorgt. Rote Unterwäsche. Die bringt an Silvester auch Glück, zumindest in der Liebe. Hast du etwa nichts Rotes an?" Ich musste passen und stand auf, um zuzusehen, dass ich von irgendwoher noch ein paar Linsen bekam. Als ich zu dem Platz zurückkehrte, an dem bis eben noch unsere Stühle gestanden hatten, waren die anderen bereits dabei, das neue Jahr anzuzählen. „*Cinque, quattro, tre ...*", rief Mattia, *„due, uno ... BUON ANNO!"* Filippo erhob sein Glas, um mit mir anzustoßen, dann umarmten wir uns alle und riefen uns gegenseitig lauthals Wünsche zu. Während die Menge um mich herum wie auf Kommando zu tanzen begann und die Ersten auf die Tische kletterten, die nun aufgereiht entlang der Wände nebeneinander standen, nahm ich mein Glas und trat einen Moment hinaus ins Freie. Davide kam mir in den Sinn. Wo er wohl gerade war? Und ob ich ihn noch einmal wiedersehen würde?

Ich blickte in den Nachthimmel. Neujahr. In diesen Minuten brach mein letzter Monat in Venedig an. Wie wenig waren doch vier Wochen, um Abschied zu nehmen, jetzt, da ich gerade erste Wurzeln geschlagen hatte. Schnell drehte ich mich um und kehrte zu den anderen zurück, bevor ich zu wehmütig werden konnte.

Gegen vier Uhr wurde ich plötzlich todmüde. Giacomo war nirgends zu sehen, aber Mattia und Filippo ließen sich trotzdem dazu überreden, mit mir nach Hause zurückzukehren. An der provisorisch errichteten Garderobe war mittlerweile ein heilloser Tumult ausgebrochen. Offensichtlich waren wir nicht die Einzigen, die heim wollten, und die Garderobiere völlig überfordert.

Als nichts voran ging, fingen die Wartenden an, ungeduldig zu werden. Statt sich in einer Reihe aufzustellen, krakeelten alle durcheinander und versuchten, zwischen ihren Vordermännern hindurch nach den Jacken zu greifen. Bald schon fielen die ersten Garderobenständer um, ganze Mantelschichten landeten auf dem Boden. Als die Ersten begannen, über die auf der Erde liegenden Kleider zu steigen, schien das Chaos besiegelt. Filippo sah mich an. „Setz dich doch am besten dort im Eingang auf das Sofa, ich kümmere mich um unsere Sachen." Dankbar ließ ich mich wegschicken. Eine geschlagene Stunde später tauchte Filippo wieder auf. Er war ziemlich zerzaust, aber in der Hand, die er triumphierend in die Höhe gereckt hatte, hielt er unsere völlig zerknitterten Mäntel.

Als wir wenig später durch die Dunkelheit heimwärts fuhren und ich in der Ferne die Lichter der einzelnen Bergdörfer leuchten sah, wurde ich schlagartig munter. Ich wollte meinen beiden Freunden gerne sagen, wie viel sie mir bedeuteten und wie froh ich war, diesen Moment mit ihnen teilen zu dürfen. Aber es war zu dunkel im Auto, so dass es ihnen wenn ich sprach, nicht gelingen würde, die Worte von meinem Gesicht abzulesen. Im Dorf angekommen, hielten wir vor einem hell erleuchteten *caffè*. „Jetzt gibt es Frühstück!", rief Filippo und zeigte auf die Fensterscheibe, hinter der bereits ein dicht aneinandergedrängtes Partyvölkchen bei warmem *brioche* den neuen, ersten Morgen des Jahres begrüßte.

Januar

... in dem wir eine Hexe auf dem Scheiterhaufen ver-
brennen, ich versuche, Venedig einzufangen, und es an
der Zeit ist, Abschied zu nehmen.

EINER DER LETZTEN AUSFLÜGE vor meiner Abreise führte mich an die Grenze des Veneto. Hier lebte Giacomo – wie
bei unverheirateten Italienern so üblich – zu Hause bei seiner Mutter. Ein Mal im Jahr, im Januar, veranstalteten die beiden ein großes Fest, zu dem sie alle Freunde und Bekannten
einluden. Wenige Tage nach Silvester hatte Giacomo mich
angerufen und gefragt, ob ich Lust hätte, gemeinsam mit
Filippo und Mattia zur *Vecchia* zu ihnen aufs Land hinaus-
zukommen. Auf der Fahrt versuchte ich herauszufinden, um
was für eine Tradition es sich handelte, und wurde in diesem
Zuge auch gleich über die Familienverhältnisse von Filippo, Mattia und Giacomo aufgeklärt. „Wir sind nicht wirklich
blutsverwandt", erzählte mir Filippo, kurz bevor wir in Frattina ankamen, „aber unsere Großeltern waren schon in Rom
zu Kriegszeiten eng befreundet. Und mein Vater und Giacomos Mutter kennen sich auch schon aus dem Sandkasten.
Deswegen nennen wir ihn Cousin und feiern auch alle Fa-
milienfeste mit ihnen gemeinsam. Und *La Vecchia* ist etwas
ganz Besonderes, du wirst sehen!" Die Alte, *La Vecchia*, der
Name des Festes, bezog sich auf einen Brauch aus Giacomos Heimatregion an der Grenze zum Friuli. Jedes Jahr im
Januar wird dort eine Hexe aus Reisig angefertigt und im
Verlauf des Abends vor den Gästen auf dem Scheiterhaufen
verbrannt. Eine Tradition, die Glück für das neue Jahr bringen

soll und mich im Nachhinein versöhnlich damit stimmte, dass ich, als man an Silvester in Cortina das Linsengericht verteilt hatte, leer ausgegangen war.

Wir waren die ersten Gäste, denn Filippo und Mattia waren eingeteilt, um bei den Vorbereitungen zu helfen. Ich, als „Besuch aus Deutschland", hatte meine liebe Mühe durchzusetzen, dass ich zumindest ein paar große Teelichter im Garten verteilen durfte. Kaum war diese Aufgabe erledigt, wurde ich dazu genötigt, mich mit einem Getränk in der Hand vor das Kaminfeuer zu setzen und abzuwarten. Nach einer Weile kam ich mir ziemlich überflüssig vor. Ich stand auf, öffnete die Tür des *salotto* und trat hinaus in die Kälte. Vielleicht konnte ich doch noch irgendwo etwas helfen.

Langsam wanderte ich über das Grundstück. Das Haus von Giacomos Mutter war eines jener uralten Landhäuser, die ein wenig wirkten wie ein Relikt aus einer anderen Zeit. Leicht verstaubt, von Rosenranken bewachsen und von zahlreichen knorrigen Bäumen umgeben, strahlte es eine verwunschene Atmosphäre aus. An manchen Stellen bildeten Schneereste, die in den letzten paar Tagen nicht geschmolzen waren, weiße Inseln auf dem Grundstück. Im hinteren Teil des Gartens stieß ich auf einen verfallenen, steinernen Kaninchenstall. Dann hörte ich Stimmen. Sie kamen aus dem Schuppen. Als ich eintrat, erkannte ich im Halbdunkel Filippo, der gemeinsam mit seinem Vater zusammen aus Holz, Stroh und alten Kleidern die Hexe, die *Vecchia*, bastelte, die später verbrannt werden sollte.

Die beiden schienen fast fertig zu sein, denn Filippo band der Hexe soeben ein Halstuch aus Lumpen um, das von Giacomos Mutter stammte. Während wir gemeinsam zurück Richtung Haus liefen, blieb Filippos Vater auf halbem Weg stehen, um dem buckeligen Koch zu Hilfe zu kommen, der sich gerade zwischen mehreren Grillblechen verfangen hatte. „Wie viele Leute kommen denn?", rief ich ihm über die

Schulter zu. „Etwa zweihundert!" Er legte einen Rost auf den Grill zu seiner Linken.

Zurück im Haus trafen wir auf weitere Gäste. Platten mit *prosciutto* und dick geschnittenen Käsewürfeln wurden herumgereicht, Weiß- und Rotweingläser gefüllt, Musik erklang, und die Lautstärke der Stimmen, die durch die zahlreichen Räume hallten, schwoll zunehmend an. Mein Italienisch war mittlerweile gut genug, um an den Unterhaltungen teilhaben zu können, auch wenn ich den einen oder anderen Fachsimpeleien immer noch nicht ganz folgen konnte. „Und? Gefällt es dir?", Giacomos Mutter trat neben mich. Gemeinsam sahen wir aus dem Fenster. Ich dachte an Davide und daran, dass der Abschied von Venedig langsam näherrückte. Ich hatte ihn seit jener Begegnung im Nebel nicht mehr gesehen, und ich ärgerte mich immer noch, mir bei dem Sprung von der Parkmauer den Knöchel verstaucht zu haben. Wie anders wären sonst der Abend und die folgende Zeit möglicherweise verlaufen? Ich gab mir einen Ruck und wandte mich wieder meiner Gastgeberin zu. „Ach, es ist ganz wunderbar", sagte ich zu Giacomos Mutter. „Das ist so ein märchenhafter Platz hier!" Offensichtlich beherrschte ich inzwischen die italienische Lobeskultur, denn sie schien geschmeichelt zu sein, winkte aber bescheiden ab. „Na, ich weiß ja nicht, so ein altes Gemäuer, davon gibt es doch viele. Aber weißt du, was tatsächlich das Besondere an diesem Ort hier ist? Unser Grundstück verläuft genau auf der Grenze zwischen Veneto und Friuli. Mitten durch das Gelände! Wer versucht mich hier im Haus zu erreichen, wählt die Vorwahl des Veneto. Aber wenn ich Giacomo im Gartenhaus anrufen möchte, weil ich seine Hilfe brauche, dann muss ich tatsächlich schon die Nummer vom Friuli nehmen!" Die Hausherrin schenkte mir Wein nach. „Wenn es dir so gut gefällt, dann musst du eben meinen Sohn heiraten, dann kannst du immer wiederkommen!" Sie tätschelte meinen Kopf und verließ den Raum, um in der Küche nach dem Rechten zu sehen. Ich sah wieder aus dem Fenster. Wenn das mit der Liebe nur so einfach wäre!

Das Grundstück füllte sich langsam, und um die verschiedenen Fleisch- und Polentasorten, die auf dem Grill brieten, bildete sich eine lange Schlange. Nachdem alle mit Essen versorgt waren, wurde in den Tiefen des Gartens unter großem Gejohle die *Vecchia* auf dem Scheiterhaufen verbrannt. Nachdem Giacomo zu fortgeschrittener Stunde ein Konzert mit seiner Jazzband gegeben hatte, wurde in der Halle die Tanzfläche eröffnet. Draußen leuchteten in der Dunkelheit die Lichterketten in den Bäumen. Als wir das Anwesen Stunden später verließen und auf der Autobahn Richtung Venedig fuhren, brach vor uns der Morgen an.

Die Erinnerung an das Wochenende in Frattina ließ mich die folgende Woche gut gelaunt durch die Prüfungen an der Uni gehen. Auf *San Servolo* hatten wir bereits unsere Abschlussarbeiten abgegeben, jetzt liefen wir täglich in die *Ca' Foscari*, um in der langen Schlange der Prüflinge darauf zu warten, aufgerufen zu werden. Statt uns abends auf dem Campo Santa Margherita zu treffen, saßen wir in unserer Wohnküche und lernten über den Büchern. In den Pausen fingen Freja und Rosalie an, die Schränke auszuräumen. Langsam machten sich erste Anzeichen der Abschiedsstimmung bemerkbar.

Da ich erst Anfang Februar zurück nach Deutschland fuhr, gehörte ich zu den Letzten unter uns, die Venedig verließen. Sayuri und Tamar waren, wie der Rest meines Italienischsprachkurs, bereits vor Weihnachten gefahren und würden nicht mehr zurückkehren. Jetzt, im neuen Jahr, war Tim der Erste, den wir zum Bahnhof begleiteten und der eine große Lücke hinterließ. Als sein Zug anfuhr, setzten wir uns in Bewegung und liefen neben dem Abteilfenster her, aus dem Tim herausschaute und mit Grimassen gegen den Kloß in seinem Hals ankämpfte. Nachdem er in der Ferne verschwunden war, verließen wir die *Ferrovia*, nur um uns zwei Tage später erneut an der Piazzale Roma zu treffen, wo wir Rosalie und Freja verabschiedeten, die gemeinsam zum Flughafen aufbrachen, da ihre Flieger im Abstand von nur wenigen Stunden Italien verließen. Charlotte wurde Mitte Januar von ihren Eltern abgeholt, und als wir uns Lebewohl sagten, hatte ich das Gefühl, mutterseelenallein zurückbleiben. Der Monat neigte sich dem Ende zu. Langsam wurde es auch für mich Zeit, Abschied von Venedig zu nehmen. Die Prüfungen hatte ich gut überstanden, nun warteten ein paar letzte freie Tage, die ich dazu nutzen wollte, noch einmal all jene Plätze Venedigs zu besuchen, mit denen ich schon jetzt schöne Erinnerungen verband. Noch zwei Wochen, dachte ich und fing auf einmal an, die Stadt so aufmerksam zu betrachten, wie nie zuvor.

Es war sonnig, als ich an einem dieser Tage mit der Linie 1 am Anleger des Lido ankam und mit einem Umweg vorbei an meinem alten Haus in der Via Lepanto zum Strand hochlief, der an diesem kalten, Januartag leer und verlassen dalag. Immer wieder musste ich den Wellen ausweichen. Dass ich hier im Sommer täglich joggen war, schien mir eine Ewigkeit zurückzuliegen. Am *Blue Moon* bog ich ab und lief die Via Santa Maria Elisabetta entlang, zurück Richtung Bootsanleger. Neben einem der Geschäfte hing ein weißer Zettel, den ein schwarzer Rand zierte. In Italien wurde die Trauer über den Verlust einer geliebten Person traditionsgemäß auf diese Art und Weise bekanntgegeben. Ich blieb stehen und studierte etwas genauer die Todesanzeige, die von der Witterung schon ziemlich verblasst war. *„Il giorno 11 Novembre è mancato ai affetto dei suoi cari"* stand oben auf der Bekanntmachung, was so viel hieß wie: „Am 11. November verstarb auf eine für seine Lieben unerwarteter Weise." Darunter las ich „Die Beerdigung ist Mittwoch den 16. 11. um 11 Uhr in der Kirche San Pietro im *Parocchia San Pietro di Castello*. Wir bedanken uns bei allen, die an der Messe teilnehmen werden." In der Mitte der Anzeige befand sich ein verwaschenes Foto des Verstorbenen. Das Gesicht kam mir bekannt vor. Antonio dei Rossi stand unter dem Bild, von dem mich mein vergreister Verehrer vom Strand anblickte, den ich seit meinem Umzug auf die Giudecca völlig vergessen hatte. Es war der 24. Januar. Ich war zwei Monate zu spät gekommen, um Antonio die letzte Ehre zu erweisen. Hätte ich gewusst, wie wenig Zeit ihm noch blieb, dachte ich schuldbewusst, ich hätte ihn bestimmt das ein oder andere Mal ein wenig länger seinen Monolog halten lassen.

Als der Tag meiner Abreise so nah herangerückt war, dass mir nur noch 72 Stunden blieben, begann ich, unruhig durch die Stadt zu streifen und die Menschen zu beobachten, die mir begegneten. Im Januar trifft man in Venedig vor allem die Gestrandeten. Jene, die es aus Gründen, die nur ihnen bekannt sind, hierher getrieben hat und die länger bleiben als geplant, manchmal sogar für immer. Nicht selten sind sie auf der Flucht vor ihrem „wahren" Leben. Und wo könnte man sich besser verstecken als in Venedig? Hier, wo die Zeit stillzustehen scheint, wo niemand fragt, woher du kommst, was du machst oder wohin du gehst, wo sich auf den Plätzen der Stadt Abend für Abend Gesellschaft finden lässt, kann man der Wirklichkeit für eine ziemlich lange Zeit entfliehen.

Noch achtundvierzig Stunden. Ich spazierte die Zattere-Promenade entlang, saß, um einen besseren Blick auf die Lagune zu haben, trotz der Kälte im *vaporetto* draußen, schickte zum ersten Mal einen vereinzelten Touristen, der nach dem Weg fragte, in die falsche Richtung, hielt an all den *osterie* und *pasticcerie*, die ich das Jahr über besucht hatte, und aß und aß und aß. Es war im wahrsten Sinne des Wortes der Versuch, mir ein Stück der *Serenissima* einzuverleiben. Immer wieder fotografierte ich mit den Augen die Bilder ab, die sich mir boten. Ich wollte Venedig aufsaugen, die Stadt in mich aufnehmen, sie konservieren, damit ich sie für immer mit mir herumtragen konnte.

An meinem vorletzten Abend lief ich in der *Frasca*, einem Restaurant nah der Fondamenta Nuove, dessen Gebäude angeblich einst die Werkstatt Tizians beherbergte, doch noch Davide über den Weg. Er saß mit Freunden an einem Tisch, als ich zusammen mit Alessia und Ilaria, die wir zufällig auf der Straße getroffen hatten, hereinkam. Davide tat, als würde er mich nicht bemerken, aber ich sah, dass er uns aus den Augenwinkeln beobachtete. „Der Mann dort drüben, der schaut dich die ganze Zeit an", sagte Ilaria, während wir vor unserem Fisch saßen. Als die beiden wenig später nach draußen gegangen waren, um, das italienische Rauchverbot beachtend, im Freien eine Zigarette anzuzünden, stand Davide auf und kam zu mir herüber. Er zog einen Stuhl heran und setzte sich zu mir. „Dich habe ich ja lange nicht gesehen." „Ich dich auch nicht", erwiderte ich wenig geistreich. Dann schwiegen wir beide. „Ich habe deine Nummer verloren", sagte ich. Davide sah mich ungläubig an. „Ich weiß, das klingt wie eine Lüge, aber es stimmt."

Statt etwas zu sagen, nahm er einen Stift aus der Innentasche seiner Jacke und schrieb mir die Nummer auf den Arm. „Da, jetzt hast du keine Ausrede mehr." Er blickte zu seinen Freunden hinüber, die gerade die Rechnung beglichen und aufstanden. „Ich muss los. Bist du morgen auf dem Fest in dem Telekomgebäude am Rialto?" Ich nickte, brachte es aber nicht übers Herz, ihm zu sagen, dass es mein letzter Abend in Venedig sein würde. Vielleicht, weil ich ihn nicht abschrecken wollte, vielleicht aber auch, weil ich den Gedanken an meinen Abschied immer wieder verdrängt hatte. Wenn ich davon sprach, da war ich mir sicher, würde die Abreise auf einmal schrecklich real werden. „Ja, ich bin da, ich bin dort mit Freunden verabredet", erwiderte ich deshalb nur und blickte verlegen auf meine Schuhspitzen.

„Gut, dann sehen wir uns morgen." Davide nickte und strich sich eine Haarsträhne aus der Stirn. In der Tür traf er auf Alessia und Ilaria, die ihm neugierig nachsahen. „Wer ist denn das?", fragte Ilaria, „und woher kennst du den? Der sieht ja ziemlich gut aus." „Ach, das ist niemand", erwiderte ich etwas zu ruppig, aber ich merkte, dass mein Herz anfing, schneller zu schlagen.

Am Abend vor meinem Abschied fiel es mir schwer, nicht in Melancholie zu verfallen, und so verordnete ich mir selbst eine etwas gezwungene Unbeschwertheit. Als ich unweit der Rialto-Brücke das gut gefüllte Erdgeschoss des Telekomgebäudes betrat, fiel mein Blick sofort auf Davide. Er stand auf einem der Tische, die Hände in die Hüfte gestemmt, um sich einen Überblick zu verschaffen. Ich beobachtete ihn eine Weile und fragte mich, ob er wohl nach mir Ausschau hielt. Wenig später entdeckte er mich in der Menge und kam auf mich zu. „Da bist du ja. Ich hab schon nach dir gesucht."

„Wir sind gerade erst gekommen." Davide sah sich um. „Mit wem bist du denn hier?" Ich zeigte auf das Grüppchen meiner Freunde, die gerade damit beschäftigt waren, etwas zu trinken zu bestellen. „Das ist Alessia", erklärte ich ihm, „die erste Person, mit der ich mich hier angefreundet habe. Und da drüben, das sind Filippo und Mattia. Die beiden sind wie Brüder für mich. Stell dir vor, sie sind taub und mir trotzdem die besten Sprachlehrer gewesen, vielleicht weil sie so geduldig sind. Ohne die drei wäre ich hier zwischenzeitlich ziemlich verloren gewesen." „Wirklich? Wie habt ihr euch denn verständigt?" Davide sah mich interessiert an. „Sie lesen einem das, was man sagt, von den Lippen ab." Ich blickte zu Filippo hinüber, der an der Bar lehnte und besorgt zu mir herübersah. „Alles in Ordnung, das ist ein Freund von mir", formte ich stumm mit dem Mund und sah wie er erleichtert nickte. Dann wandte ich mich erneut Davide zu. „Und, kannst du die alleine lassen?", fragte er, während er mir einen Arm um die Schulter legte und mich an sich zog. Ich schüttelte den Kopf. „Nein, ich denke eher nicht."

„Ich will noch auf ein Konzert auf dem Festland. Und ich dachte mir, ich nehme dich einfach mit." „Das geht nicht, wir wollen den Abend zusammen verbringen." „Überleg es dir. Das ist ein gutes Jazzkonzert. Deine Freunde kannst du doch auch morgen noch sehen." „Nein, das kann ich leider nicht, ich fahre morgen."

„Du fährst morgen? Wohin?" Ich musste schlucken. „Zurück nach Deutschland. Heute ist mein letzter Abend." Einen Augenblick lang sah Davide mich prüfend an. „Wie schade, dann endet unsere Liebesgeschichte ja, bevor sie überhaupt angefangen hat", sagte er dann, drehte sich um und verließ das Gebäude Richtung Ferrovia.

Abschied von Venedig

„Abfahrt. Ein Abschied, eine Flucht wie jede Abreise.
Ich hinterlasse mich in Venedig. Ich bleibe hier in Venedig.
Ich nehme Venedig mit mir ins Exil."

(WOLFGANG KOEPPEN)

UM FÜNF UHR MORGENS wurde ich wach, lange bevor mein Wecker klingelte. Einen Moment lang lag ich wie betäubt da. Es war der Tag meiner Abreise. Wie konnte das Jahr nur so schnell vergangen sein? Ich stand auf und lief in die Küche, um den letzten *caffè* in unserem Haus auf der Giudecca aufzusetzen. Die Wohnung war leer ohne Rosalie und Freja. Noch gut konnte ich mich an den Augenblick erinnern, als ich aus dem Zug gestiegen war und zum ersten Mal aus dem Bahnhofsgebäude hinausgetreten, auf den Canal Grande geblickt hatte. In wenigen Stunden würde ich zurück nach Berlin fahren, und ich fühlte mich erneut, als ließe ich mein Zuhause hinter mir, um in die Ferne aufzubrechen. Es war kalt, wie bei meiner Ankunft im vergangenen Jahr, aber die frostigen Temperaturen machten mir nichts mehr aus. Ich verlief mich endlich nicht mehr in den Gassen, und auch der Boden schwankte schon längst nicht mehr, wie es in der Regel bei Neuankömmlingen der Fall ist, unter meinen Füßen, wenn ich das *vaporetto* verließ. Ich fühlte mich wohl in Venedig, hatte, trotz aller Hindernisse, die einem diese launische Stadt in den Weg legte, Wurzeln geschlagen, die ich heute mühsam würde lösen müssen.

Um halb sieben waren meine Habseligkeiten sorgfältig auf einem Haufen an der Tür gestapelt. Ich warf einen kurzen Blick auf das leergeräumte Zimmer und beneidete all jene, die künftig hier leben würden. Gegen sieben machte ich mich auf den Weg Richtung Campo Santa Margherita für ein letztes kurzes Treffen mit John und Gaddafi, die ich bereits eine Weile nicht gesehen hatte. Die beiden wollten noch drei Monate in Venedig bleiben, dann würden sie in die USA zurückkehren. Wir sprachen wenig, und selbst Gaddafi wirkte bedrückt und legte unter dem Tisch seine Pfote auf meinen Fuß, als wollte er sagen: „Bleib doch hier!" Ich musste schlucken. Wer wusste schon, ob wir uns jemals wiedersehen würden?

Nachdem John gegangen war, kehrte ich auf die Giudecca zurück, um auf Alessia, Filippo und Mattia zu warten. Die drei wollten mir dabei helfen, die Koffer zum Bahnhof zu bringen, wo der Zug Richtung Deutschland bereits auf dem Gleis stand. Nach und nach reichten sie mir die Taschen in mein Abteil. Dann spähte ich aus dem Fenster und suchte den Bahnsteig ab. Ich hatte Davide eine Nachricht geschickt, in der absurden Hoffnung, er würde am Bahnhof auftauchen, aber natürlich war nichts von ihm zu sehen.

Der Zeiger war inzwischen gefährlich nah an die Abfahrtszeit herangerückt. Noch zwei Minuten. Alessia und die beiden Brüder, die neugierig mein Abteil inspiziert hatten, verließen den Zug. Vom Trittbrett aus umarmte ich einen nach dem anderen. „Wir sehen uns", „Pass auf dich auf!", „Du wirst mir fehlen", „Wir kommen dich besuchen!" Wir redeten alle durcheinander, warfen uns Belanglosigkeiten an den Kopf, füllten die Zeit mit Phrasen, denn Abschiede an sich sind sprachlos, besonders jene von der Lagunenstadt.

Wenig später rollte der Zug über die Ponte della Libertà. Am Fenster stehend blickte ich auf Venedig, zurück auf mein letztes Jahr, von dem ich mich jetzt langsam entfernte. Dann summte mein Handy. Die SMS war von Davide. „Stell dich in Mestre an die Tür, ich komme zum Gleis, um dich zu verabschieden!"

Als der Zug auf dem Festland hielt, spähte ich aus dem Fenster und stellte mich auf das Trittbrett, noch bevor die Waggons zum Stehen kamen. Ich sah Davide vom anderen Ende des Bahnsteiges aus auf mich zukommen. In seiner linken Hand hielt er eine Jacke, in der Rechten etwas, das ich nicht erkennen konnte. Als er näherkam, entdeckte ich, dass es sich um eine Schallplatte handelte. „Gute Heimreise!", er umarmte mich. Dann reichte er mir sein Abschiedsgeschenk. „Das ist eine Single, die ich vor ein paar Jahren aufgenommen habe. Ich habe dir meine Adresse auf das Cover geschrieben, für den Fall, dass du die Nummer auf deinem Arm schon abgewaschen hast. Und ich hoffe, wir sehen uns, wenn du wiederkommst."

„Und was ist, wenn du dann nicht mehr da bist?" Davide half mir zurück in den Wagen, dann sah er mich an. „Ich werde hier sein. Ganz sicher." Ich wollte noch etwas erwidern, aber ehe ich dazu kam, schlossen sich automatisch die Türen des Zuges, der sich langsam in Bewegung setzte.

Einen Moment blickte ich auf Davides Foto, das auf dem Plattencover der Single zu sehen war, die ich immer noch in der Hand hielt. Während der Zug schneller und schneller wurde, konnte ich nicht verhindern, dass mir Tränen in die Augen traten.

Man mag Elke Heidenreich mögen oder nicht, über Venedig hat sie etwas sehr Wahres geschrieben, an das ich seitdem immer wieder denken muss, wenn ich mich an meine Abreise aus der Lagunenstadt erinnere. „Das aufgewühlteste Herz kommt ausgerechnet in Venedig zur Ruhe, weil es auf sanfte Weise resigniert. Auflehnung ist sinnlos. Man muss sich hinsetzen, um so viel Schönheit in sich aufzunehmen, wie nur möglich ist. Hier darf man sich Ängste und Wünsche einmal wirklich eingestehen, denn hier begegnet man ihnen an jeder Ecke – den Träumen der Menschen, verwirklicht in grandiosen Prachtbauten, ihren Ängsten auf der Seufzerbrücke. Alles Zersplitterte fügt sich an diesem unwirklichen Ort zur Einheit. Und wenn man das zulässt, dann fährt man aus Venedig mit einem anderen Gesicht heim, als mit dem, das man bei der Ankunft hatte."

Während der Zug sich Südtirol näherte, spürte ich, dass ein Stück von mir hinter mir geblieben war, in Venedig und wahrscheinlich für immer, denn bis heute träume ich regelmäßig von der *Serenissima*, diesem eigenartigen, wunderbaren Ort, dieser „Biberstadt". Ich träume davon, wie ich im Dunklen durch die beleuchteten Gassen laufe, am Wasser entlang, in dem sich glitzernd die Lichter der *palazzi* spiegeln. Dieses Wasser ist es, das ich in Berlin am meisten vermisse, denn wer sich längere Zeit in der Lagune aufhält, der wird feststellen, dass mit der Abreise die Sehnsucht nach dem Wasser kommt. Das Wasser ist schuld daran, dass, wer einmal in Venedig gelebt hat, immer wieder dorthin zurückkehrt. Oder, um es mit Thomas Mann zu sagen, dem ich, wenn auch nicht bei der Wahl der Anreiseroute, so doch umso mehr in seiner Verbundenheit zu jener auf Pfählen ins Meer gebauten Stadt zustimme: „Es ist eine gewisse schwebende Beziehungsmelancholie ohnegleichen, die sich für gewisse Gemüter mit dem Namen Venedig verbindet, voller Heimatlichkeit, – (...) ich hätte (...) starkes Herzklopfen, wenn ich wieder einmal dort wäre."

Folgende Venedig-Bücher haben mich während meiner Zeit in der *Serenissima* und auf meinem Weg durch die Stadt begleitet: Thomas Manns Novelle *Der Tod in Venedig*. Wolfgang Koeppens *Ich bin gern in Venedig warum* sowie *Übers Jahr vielleicht wieder in Venedig*. Nicht zu vergessen Joseph Brodskys *Ufer der Verlorenen*. Die wohl umfassendste Kartographie der Stadt und einen ungeschönten Blick hinter die Kulissen bietet Wolfgang Scheppes *Migropolis*. Venezianische Vergangenheit findet man detailliert aufgeschlüsselt in John Ruskins *The Stones of Venice*. Venedig über seine Sinne erfahren lässt sich am Besten mit Tiziano Scarpas Band *Venedig ist ein Fisch*. Und wer sich in der Lagune auf Schnitzeljagd begeben möchte, sollte nicht vergessen, *Die Schatzsucher von Venedig* von Ruth Landshoff-Yorck in den Koffer zu legen.

Ein Jahr in…

HERDER spektrum